As mulheres de X'oyep

Alberto del Castillo Troncoso

As mulheres de X'oyep

FOTOGRAFIA E MEMÓRIA

FGV EDITORA

Direitos desta edição reservados à
FGV EDITORA
Rua Jornalista Orlando Dantas, 9
22231-010 | Rio de Janeiro, RJ | Brasil
Tel.: 21-3799-4427
editora@fgv.br | www.editora.fgv.br

Impresso no Brasil | *Printed in Brazil*

1ª edição: 2022

Tradução: Pablo F. de A. Porfirio
Preparação de originais: Ronald Polito
Editoração eletrônica: Abreu's System
Revisão: Aline Duque Erthal | Daniel Seidl de Moura
Capa: Estúdio 513 (sobre foto de autoria de Pedro Valtierra)

Dados Internacionais de Catalogação na Publicação (CIP)
Ficha catalográfica elaborada pela Biblioteca Mario Henrique Simonsen/FGV

Castillo Troncoso, Alberto del
As mulheres de X'oyep : fotografia e memória / Alberto del Castillo Troncoso ; tradutor Pablo F. de A. Porfirio. – Rio de Janeiro : FGV Editora, 2022.
124 p. : il.

Inclui bibliografia.
ISBN: 978-65-5652-175-6

1. Fotografia de mulheres – México. 2. Fotografia documentária – México. 3. Fotojornalismo – México. 4. Chiapas (México) – História – Revolta Camponesa, 1994. I. Fundação Getulio Vargas. II. Título.

CDD – 305.86872

Elaborada por Mariane Pantana Alabarce – CRB-7/6992

Para as afetuosas mulheres que foram surpreendidas por seus carrascos
na terrível e sombria jornada de 22 de dezembro de 1997, em Acteal,
e para as outras mulheres, maravilhosas, que nos surpreenderam
na luminosa manhã de 3 de janeiro de 1998, em X'oyep.

Agradeço aos fotógrafos que generosamente cederam os direitos
de suas imagens para a publicação deste livro: Raúl Ortega,
José Carlo González, Marco Antonio Cruz e Luiz Vasconcelos.
Agradeço, também, aos arquivos fotográficos do Centro da Imagem,
à Fototeca do Instituto Nacional de Antropologia e História,
ao Instituto Nacional de Povos Indígenas, ao arquivo
Pedro Valtierra e ao jornal La Jornada.

Sumário

Prefácio

Regina Beatriz Guimarães Neto
*Antonio Torres Montenegro**

O historiador Alberto del Castillo Troncoso é bastante conhecido na comunidade acadêmica do Brasil pelos artigos em diversas revistas, pela participação em congressos da Associação Nacional de História (Anpuh) e da Associação Brasileira de História Oral (Abho) e pela parceria com distintos grupos de pesquisa nacionais.

Porém, foram seus livros direcionados com grande competência para a história de fotógrafos latino-americanos — privilegiando determinados conjuntos de fotografias produzidos sobre certos eventos — associada à metodologia da história oral que engendraram e consolidaram os laços com os historiadores do Brasil.

A FGV Editora, ao publicar *As mulheres de X'oyep*, obra que recebeu o Prêmio Nacional de Ensaio sobre Fotografia, no México, concorre para ampliar as relações desse historiador com os leitores brasileiros.

É importante destacar, além das qualidades analíticas excepcionais que o autor apresenta em seus livros e artigos, sua postura intelectual generosa — pois não se furta a sempre nomear os(as) diversos(as) colegas que têm colaborado com seu trabalho de historiador. No caso específico deste livro, destaca os significativos debates ocorridos em seminários de que participou em universidades do Brasil, além de numerosos colegas no México.

Alberto del Castillo Troncoso, ao eleger a fotografia de imprensa para análise, articula as imagens visuais ao campo social e político e à representação estética. Alinha-se aos estudiosos que rompem com abordagens tradicionais, consideradas "científicas", que de praxe

* Professores do Departamento e da Pós-graduação em História da Universidade Federal de Pernambuco (UFPE). Bolsistas do CNPq.

defendem os "registros reais" ou as descrições "coladas à realidade", como muitas vezes ocorre com o fotojornalismo em seu objetivo de informar e "provar". Mas, como afirma Didi-Huberman (2006:49, grifo nosso), tal condição incorre em grave limitação: "[...] quererá *não ver outra coisa além do que vê* presentemente".

O historiador dessacraliza, na trilha dessa perspectiva, a imagem--objeto e procura o que excede ou transborda no movimento multiplicador de signos e espaços sensíveis. Importa observar que, para Alberto del Castillo, ao problematizar a multiplicidade de signos imagéticos que emanam da experiência visual com a fotografia e o fotojornalismo, em particular, a compreensão de "estar com" a imagem é válida até certo ponto, pois a imagem "viaja" e movimenta-se "além do horizonte". Não há "devoção positivista ao objeto" (Didi--Huberman, 2006:176); o fotógrafo, como o artista, tratará da "produção da imagem" — esse é o ponto no qual recairá a análise. Como historiador exemplar, sem nenhuma intenção de totalizar o sentido das imagens, Castillo realiza um trabalho de artesão para desvelar e reconstituir os passos da construção da imagem que irá encenar-se no espaço público ao pesquisar as variadas formas de recepção/apropriação/ressignificação. De maneira muito particular, narra as trilhas percorridas e relatadas pelos jornalistas para a produção do registro visual — uma fotografia particular — do surpreendente embate de *As mulheres de X'oyep*, a fim de conferir ao "objeto visual" a singularidade do evento como acontecimento, como quer o historiador.

O trabalho de documentar os diversos relatos dos jornalistas que estiveram presentes fotografando a luta das mulheres de X'oyep projeta o registro imagético em uma rede de forças políticas e sociais, em acirrada disputa. Nessa trilha, a imagem produzirá grande clamor público nacional e internacional e, como tal, efeito político de impacto, mobilizador de outras lutas.

A tarefa do historiador Alberto del Castillo segue o caminho da reflexão rigorosa ao partir para realizar uma análise semântica da fotografia, dedicando-se a uma espécie de "crônica da produção fotográfica", com vários desdobramentos na linha da interação e do diálogo com o fotógrafo-autor. A análise biográfica de Pedro Valtierra passa a ser um imperativo da pesquisa, em que o nome próprio de Valtierra encontra sua função: o nome desloca-se para o coletivo e adentra o espaço público no universo dialógico do fotojornalismo. Alberto del Castillo ainda nos presenteia, nesse contexto, com as reflexões sobre as inovações da produção da fotografia no México nas últimas décadas do século XX.

A pesquisa historiográfica, nessa rica moldura, para intelectuais como Castillo é uma experiência teórica e prática a cada passo, sempre uma aprendizagem. Novas incursões se delinearam com base na imagem fotográfica, centro de seu interesse, que configurou a luta presente dos indígenas chiapanecos, com destaque para suas mulheres, e múltiplas mobilizações em espaços diferenciados não apenas no México, mas em outros países da América Latina. Sobretudo, impulsionou o imaginário político das lutas pelos direitos dos indígenas e pela força das mulheres, que compõem imagens icônicas.

Alberto del Castillo elaborou sofisticadas interconexões críticas entre passado e presente, movimento que produziu fecundas análises sobre memória e testemunho, em que pontua os inícios do movimento zapatista (entre 1994 e 1995), os deslocamentos políticos dessa luta e as diversas recepções da fotografia produzida por Valtierra. Não há nem presenteísmo nem finalismo em sua narrativa historiográfica. O presente não é narrado como sucedendo ao passado, mas nesse passado se encontram inflexões significativas de práticas de poder que se constituem em referenciais para o estudo do presente. Há, nesse sentido, a força da contemporaneidade "que demarca uma singular relação com o próprio tempo" e o "interpela" (Agamben, 2009:64). Inaugura-se, desse modo, outro percurso metodológico e narrativo.

No âmbito dessa experiência, o autor contribui com o relato sobre a fotografia das mulheres indígenas barrando o avanço dos militares, publicada na primeira página de um jornal. O texto que opera como registro do fato dado a ver em imagem exige conhecer a história do México. Nesse sentido, o historiador não se furta a dizer da aliança de algumas lideranças indígenas com setores do governo que reforçam o neoliberalismo de fins do século passado na América Latina e que devem também ser consideradas no embate paradoxal do exército de mulheres indígenas, documentado nessa foto.

Segundo Alberto, outro fator que concorreu para a força icônica da imagem fotojornalística de Valtierra em X'oyep é o fato de ela ter sido agraciada com o Prêmio Internacional de Jornalismo Rei da Espanha. Ao mesmo tempo, em outro nível de análise, numa perspectiva do tempo da longa duração, haveria de se considerar o fato de algumas pesquisas afirmarem "o reconhecimento histórico e a lealdade das comunidades indígenas à instituição da monarquia ibérica", forjados ao longo dos três séculos de dominação da Coroa espanhola.

O autor detalha, para maior compreensão contextual, uma breve história biográfica dos principais trabalhos realizados por Valtierra, como a cobertura guerrilheira sandinista na Nicarágua e na Guatemala. Explica, ainda, em razão do exercício de distintos editores que revolucionaram o fotojornalismo no México, como as agências fotográficas serviram de escolas para Valtierra e sua geração.

A fotografia premiada, transformada em ícone da resistência indígena liderada pelas mulheres, foi também analisada por diferentes estudiosos que o historiador Castillo comentará e entrevistará. Apresenta-se, nesse caminho, a perspectiva do professor Ariel Arnal,[1] do jornalista Rafael Cardona, da escritora Elena Poniatowska, bem como da professora Deborah Dorotinsky Alperstein.[2] Ou seja, o autor se detém em uma cuidadosa reflexão acerca das diversas leituras que a fotografia engendrou. Ele observa:

> Talvez o mais relevante consista em poder situar o problema da constante mobilidade das interpretações e a maneira como distintas leituras dessa imagem seguirão contribuindo para um maior conhecimento das

[1] Ariel Arnal é especialista em história visual, iconologia e teoria da história; professor do Departamento de Arte da Universidade Ibero-Americana e da Faculdade de Filosofia e Letras da Universidade Nacional Autônoma do México (Unam).

[2] Deborah Dorotinsky Alperstein é professora do Instituto de Investigações Estéticas da Unam.

condições de vida das comunidades indígenas e sua luta para defender sua cultura a partir de sua projeção como um ícone fotográfico.

Em continuidade à pesquisa, o autor desloca o foco para as formas de apropriação de distintos jornais e revistas: a revista *Epoca*, a revista de divulgação científica *Bulletin of the Atomic Scientists*, o semanário liberal norte-americano *First of the Month*. Alberto del Castillo conclui o capítulo "História de um ícone" assinalando que *First of the Month*, ao publicar a foto *As mulheres de X'oyep*, também coloca como legenda a pergunta "As fotografias mentem?", atribuída ao subcomandante Marcos.[3]

Entretanto, o autor, em seu percurso narrativo, surpreende o leitor com um episódio inusitado. Em 2001, o subcomandante Marcos, em face da eleição do presidente Vicente Fox, que acenava com mudanças para amplos setores da população, deslocou-se da zona de Los Altos de Chiapas para a Cidade do México a fim de pressionar o governo pela reforma indígena que foi negociada nos Acordos de San Andrés. Ele se hospedou por 20 dias nas instalações da Escola Nacional de Antropologia e História (Enah), em Cuicuilco, ao sul da Cidade do México. Nesse período, realizou uma aula para os estudantes da Enah no maior auditório da escola, que esteve superlotado para ouvi-lo. E sua aula, para surpresa geral, teve como inspiração a fotografia de Valtierra, que Marcos abriu numa cartolina e colou num quadro, causando grande impacto e emoção. A fotografia foi a referência para a aula do comandante e "professor" Marcos. Segundo ele, ali estavam representados os dois blocos que se enfrentavam naquele momento na selva chiapaneca, fielmente representados na fotografia de Valtierra. Alberto conclui que "o principal líder do movimento

---

[3] O denominado subcomandante Marcos é o líder do Exército Zapatista de Libertação Nacional (EZLN) que, em 2016, juntamente com 12 integrantes, teve as acusações penais suspensas porque os crimes dos quais eram acusados foram prescritos. Ele encabeçou uma rebelião armada do EZLN que reivindicava respeito aos direitos humanos e políticos dos povos indígenas. Os revolucionários tomaram o controle de várias comunidades. Depois de meses de negociação com o governo mexicano, aceitaram se desarmar. Disponível em: <https://brasil.elpais.com/brasil/2016/02/23/internacional/1456263326_246432.html>. Acesso em: 20 jun. 2021.

zapatista conferiu, naquela singular 'aula' acadêmica da Enah, um reconhecimento explícito a essa fotografia como a referência visual mais notável do zapatismo em torno do conflito indígena".

Como é próprio aos historiadores de ofício, que não se deixam capturar pelas fronteiras dos campos do conhecimento, inspirados, talvez, no operar dos etnógrafos e dos antropólogos, Alberto decidiu visitar X'oyep. Tinham se passado quase 15 anos. Que marcas daquela experiência de confronto entre as mulheres indígenas e o Exército, registrada num átimo pelas lentes da câmera de Pedro Valtierra, estariam presentes na memória das pessoas do lugar?

O leitor é surpreendido no último capítulo do livro com o relato dessa viagem, em que a paisagem vivenciada pelo historiador é conectada aos relatos das entrevistas concedidas a ele pelos jornalistas Valtierra e Balboa, quando documentaram o evento. Presente e passado, percepção e memória produzem em Alberto del Castillo Troncoso possibilidades de novas leituras, novas sensações, outros sentimentos, novas experiências, novos deslocamentos analíticos — a começar pelo inesperado encontro com o indígena Antonio López, que o recebe espontaneamente em sua casa para uma conversa/entrevista. Alberto descobre estar diante de um personagem central não apenas do evento que resultou na fotografia icônica *As mulheres de X'oyep*, mas do massacre de Acteal — em que foram alvo os indígenas em 22 de dezembro de 1997 —, homem com estreita conexão com o evento fotografado por Valtierra. Ao leitor, deixamos plantada a curiosidade para conhecer mais essa incursão do historiador e autor do livro nas plagas indígenas mexicanas do estado de Chiapas.

Dessa forma, temos em mãos um livro de uma história conectada a múltiplas histórias da América Latina, na luta dos povos indígenas em defesa de suas terras, de sua cultura, de seu estilo de vida, de seus valores e princípios éticos. Uma obra de um historiador que apresenta análises sociais, políticas, econômicas, culturais e visuais que se atualizam em diversos níveis, produzindo a compreensão de que a história é movimento constante a reconstruir leituras e ressignificações de lutas e resistências.

Desejamos instigantes leituras deste importante livro, que premiou um historiador incansável em sua trincheira de resistência.

Referências

AGAMBEN, Giorgio. *O que é o contemporâneo?* E outros ensaios. Chapecó: Argos, 2009.

DIDI-HUBERMAN, Georges. *O que vemos, o que nos olha*. São Paulo: Ed. 34, 2006.

Introdução

Uma das características da vida cotidiana no Ocidente é a de estarmos imersos em uma cultura hipervisual que cada vez adquire maior hegemonia e diante da qual, muitas vezes, não contamos com os elementos conceituais pertinentes para decodificar e decifrar. Este livro se refere a uma das vertentes dessa cultura que tem um peso específico muito importante em nossa sociedade e que se relaciona com a evolução do fotojornalismo nas últimas décadas.[1]

A fotografia jornalística experimentou grandes transformações no México a partir da década de 1970, com a irrupção de fatores políticos que implicaram uma nova relação entre a imprensa e o Estado e o surgimento de distintas gerações de editores. De Manuel Becerra Acosta a Benjamin Wong e Carlos Payán, passando por Miguel Ángel Granados Chapa, todos impulsionaram novas possibilidades jornalísticas, antes impensáveis, em um regime autoritário como o que havia predominado no país por mais de meio século.

Nesses anos, várias gerações de fotógrafos divulgaram seus trabalhos na esfera pública. Aos autores consolidados, como Nacho López, Enrique Bordes Mangel, Ismael Casasola, Daniel Soto, Julio Mayo,

---

[1] Uma primeira versão deste livro ganhou o prêmio de melhor ensaio sobre fotografia outorgado pelo Centro da Imagem em 2012 e foi publicada com o título *Las mujeres de X'oyep: la historia detrás de la fotografía* pelo selo Conaculta no ano seguinte. Agradeço os comentários das pesquisadoras Rebeca Monroy, Mónica Aguilar e Deborah Dorotinsky, assim como a colaboração de Mónica Morales para a localização de algumas imagens. Nesta nova publicação, conto com o apoio de Raymundo Cruz, Mayte Serna e Francisco García. Amplio o número de imagens e, sobretudo, reapresento algumas das premissas e conceitos em torno da leitura da obra de Pedro Valtierra e seu trabalho em X'oyep com o desenvolvimento de novos argumentos. Agradeço ao fotógrafo todo o seu apoio para a realização desta pesquisa em suas duas etapas.

Rodrigo Moya, Enrique Metinides e Hector García, juntaram-se novos nomes que se adaptaram às distintas exigências políticas e editoriais e renovaram o exercício do fotojornalismo no período mencionado. Entre eles, cabe mencionar Aarón Sánchez, Rogelio Cuéllar, Pedro Valtierra, Marco Antonio Cruz, Christa Cowrie, Pedro Meyer, Martha Zarak, Antonio Turok, Elsa Medina, Luis Jorge Gallegos, Frida Hartz, Eniac Martínez, Raúl Ortega e Francisco Mata.[2]

O papel midiático de seus trabalhos fotográficos, a renovação da linguagem visual e seu posicionamento no espaço público estão fora de qualquer dúvida. Entre os processos que se abriram para reposicionar o sentido das imagens jornalísticas, deve-se atentar para o surgimento de uma aguda crítica ao poder, a consolidação de uma série de pontos de vista femininos que possibilitaram novas condições para uma leitura de gênero, uma releitura de fenômenos e episódios relacionados com a vida cotidiana e as transformações de notas e reportagens em poderosos ensaios visuais que renovaram a equação tradicional da relação entre as imagens e as palavras.

Vale destacar alguns desses trabalhos como referências nos espaços públicos.

A dramática cobertura das guerrilhas e dos conflitos na América Central — localizados, entre outros lugares, na Guatemala, na Nicarágua e em El Salvador — permitiu a consolidação de um observatório mexicano em torno desse tipo de processo. Recuperando episódios e momentos anteriores, como a cobertura pioneira de Rodrigo Moya na Guatemala e na Venezuela na década de 1970, os novos trabalhos exploraram esses conflitos não somente à luz dos episódios bélicos, mas também em relação à vida cotidiana das sociedades que os vivenciaram.

---

[2] Uma primeira aproximação dessas mudanças nas linhas editoriais e sua correlação com a visão dos fotógrafos são realizadas por Mraz e Arnal (1996). Um trabalho interessante de recopilação de testemunhos orais de várias gerações de fotógrafos pode ser visto em Gallegos (2010).

Um exemplo desses trabalhos é a reportagem produzida por Pedro Valtierra, Andrés Garay e Marco Antonio Cruz na Nicarágua sandinista de 1985. O peculiar dessa cobertura reside no fato de que foi pensada desde o início para uma exposição no Museu de Arte Moderna da Cidade do México. O sentido da foto documental e jornalística nasce como parte de um projeto político e artístico e se vincula com outro olhar, mais preocupado com as questões estéticas e compositivas.[3]

O registro cruel e ao mesmo tempo onírico sobre as terríveis cenas do terremoto de 1985, que destruiu parte considerável da Cidade do México, e a recuperação de um testemunho visual do surgimento de uma nova cultura cidadã que se ergueu sobre as ruínas dessa destruição contribuíram para as transformações políticas da capital do país e o declínio dos governos priístas — do Partido Revolucionário Institucional (PRI) — depois de um reinado de várias décadas. Como em poucas ocasiões, esse tipo de cobertura sacudiu setores amplos e heterogêneos da sociedade e estabeleceu referências visuais que marcaram o sentido de uma época.[4]

---

[3] A exposição *Nicaragua: un pueblo en lucha* foi planejada por Carlos Payán, diretor do diário *La Jornada*, com o apoio de Oscar Urrutia, diretor do Museu de Arte Moderna da Cidade do México. Foi inaugurada em 8 de agosto de 1985, como uma mostra de solidariedade com o pequeno país da América Central agredido pela primeira potência do mundo. O terremoto que sacudiu alguns dias depois a capital destruiu a mostra. Tive a oportunidade de apresentar algumas das imagens de Cruz e de Valtierra em fevereiro de 2017 em um congresso na Universidade Nacional Autônoma da Nicarágua (Unan-Manágua), e foi muito comovente constatar a vigência dessas imagens, lidas após uma reviravolta a partir do contexto de repressão do governo de Daniel Ortega contra diversos setores sociais.

[4] A fotografia de Marco Antonio Cruz tornou-se o ícone mais importante desse terrível capítulo da Cidade do México. A imagem foi adquirida pela agência Contacto Press e publicada na capa da revista *Life* em dezembro de 1985. Um dos subdiretores de *La Jornada*, Miguel Ángel Granados Chapa, recebeu com um abraço o fotógrafo na redação do jornal e lhe informou de maneira festiva: "Você acaba de publicar na revista *Life*". Entrevista com Marco Antonio Cruz realizada por Alberto del Castillo, 6 maio 2013.

Imagens 1 e 2
A vida cotidiana de um povo em guerra
(Nicarágua, 1985)

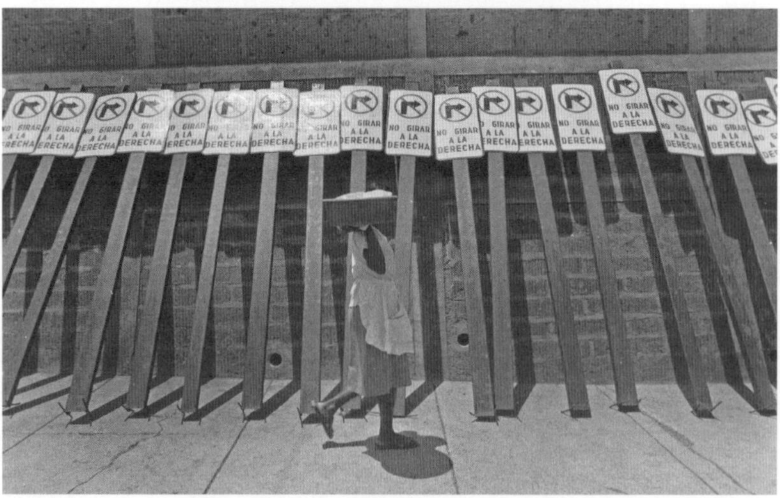

Fonte: arquivo fotográfico de Marco Antonio Cruz.

Imagens 3 e 4
Edifício Nuevo León, no bairro de Tlatelolco (19 set. 1984)
Folha de contatos e logotipo do PRI, depois do terremoto
(20 set. 1984)

Fonte: arquivo fotográfico de Marco Antonio Cruz.

A construção de novas leituras e de novos cenários da migração mexicana e da América Central nas fronteiras norte e sul do país representa e aponta para um dos fenômenos mais relevantes da história recente do país, contribuindo para uma reflexão sobre a identidade da nação, de seus alcances e seus limites.

Podem-se citar, ainda, a invenção irreverente de um novo personagem da política mexicana, que se posicionou na opinião pública em nível nacional e internacional na segunda metade dos anos 1990 com uma aguda crítica aos vícios da classe política em seu conjunto, e novos protestos políticos e culturais em todo o país. Trata-se do subcomandante Marcos, cujos comunicados públicos interpelaram não apenas a comunidade de intelectuais, mas também setores sociais mais amplos e heterogêneos.

Esses casos são muito significativos e formam parte do imaginário coletivo e da cultura visual de um amplo setor de cidadãos nas últimas décadas. Entretanto, pela importância de seu conteúdo, sua relevância como referência documental em nível nacional e internacional e seu peso na cultura visual de uma geração, a fotografia de Pedro Valtierra que retrata as mulheres *tsotsiles* de X'oyep no município de Chenalhó, no estado de Chiapas, enfrentando soldados do exército mexicano na manhã de 3 de janeiro de 1998 tem o privilégio de haver se convertido em um dos maiores ícones da fotografia jornalística do país no último quarto do século XX.[5]

Considero que um ícone é aquela fotografia emblemática, que transcende a conjuntura específica da publicação em que está inserida para se converter não apenas em um símbolo, recebido e utilizado de distintas maneiras pelos diferentes setores sociais, mas também em uma parte importante do horizonte visual de uma geração.

Entre outros muitos casos, tomemos um dos exemplos mais representativos do século XX, a fotografia de Che, feita por Alberto Korda e divulgada pela editora Feltrinelli, a qual se converteu em 1968 em um dos emblemas mais expressivos de reivindicação pública estudantil, seja em Paris, em Praga, no México ou no Rio de Janeiro. Esse tipo de caso trata de imagens influentes, que formam parte vital

---

[5] Pedro Valtierra (San Luis de Ábrego, Fresnillo, 1955) é um dos fotógrafos mais importantes da história recente do México, com uma trajetória profissional de mais de quatro décadas que o levou, com outros autores, a renovar o fotojornalismo no país. Dirigiu o departamento de fotografia de *La Jornada* entre 1984 e 1986, saiu do jornal para fundar a agência Cuartoscuro e regressou como coordenador editorial de 1995 a 2000.

Imagens 5 e 6
Subcomandante Marcos (1994 e 1995)

Fonte: arquivo fotográfico de Raúl Ortega.

da cultura visual do momento e se tornam referências documentais de uma sociedade em determinada época.[6]

Uma interessante referência comparativa com a imagem de Valtierra, que também funcionou como ícone da luta indígena no início do século XXI, pode ser vista na extraordinária fotografia de Luiz Vasconcelos que ganhou o prêmio World Press Photo 2009, na categoria Notícias. A foto mostra a oposição de uma indígena de Manaus diante de um despejo promovido pela polícia militar de integrantes do Movimento dos Trabalhadores Rurais Sem Terra (MST), em 10 de março de 2008. Participaram da resistência cerca de 200 homens, mulheres e crianças de diversas etnias. Publicada pelo jornal *A Crítica*, de Manaus, a fotografia ficou conhecida internacionalmente e hoje é considerada, junto com as das mulheres de X'oyep, símbolo da resistência indígena na América Latina.

As rupturas e continuidades entre ambos os ícones são muito sugestivas. Por questões de espaço, neste livro me concentro na imagem de Valtierra, porém a citação e referência vale como um convite para trabalhar no futuro com essa iconografia das lutas indígenas no contexto latino-americano.[7]

---

[6] A discussão é muito rica e está repleta de múltiplas referências, de acordo com os interesses de cada um dos atores sociais. É impossível deixar de mencionar o caso de Phan Thi Kim Phuc, a menina de nove anos que fugia dos bombardeios com napalm, captada em 1972 pela lente de Nick Ut, e que se tornou o ícone do protesto contra a devastadora Guerra do Vietnã, que significou uma das primeiras derrotas dos Estados Unidos no pós-Segunda Guerra Mundial. A célebre fotografia foi censurada há alguns anos pelo Facebook sob a justificativa de pornografia infantil, em um interessante reposicionamento do sentido das imagens com o passar dos anos. Também cabe recordar a imagem de Alan Kurdi, o menino sírio afogado em 2015 e encontrado com o rosto virado para o chão e as mãos estendidas em alguma praia da Turquia, que recolocou a temática da migração no Ocidente com maior força do que a centena de discursos escritos sobre o tema. O debate é infinito, as perguntas permanecem: como avaliar o peso das imagens e sua incidência na opinião pública, a partir de que recurso e com que tipo de condições de recepção por parte dos distintos setores?

[7] A elaboração deste ensaio sobre a fotografia das mulheres de X'oyep surgiu a partir de uma investigação que durou um ano no arquivo do fotógrafo Pedro Valtierra para a curadoria da exposição *Pedro Valtierra: mirada y testimonio*, que realizei para o Centro Cultural Universitário Tlatelolco da Unam, em 2012, com a colaboração da pesquisadora Mónica Morales.

Imagem 7
Oposição de uma indígena contra um despejo em Manaus, por Luiz Vasconcelos (10 mar. 2008)

Fonte: <https://amazoniareal.com.br/uma-fotografia-ainda-pode-mudar-historia/>.

O decorrer da investigação proporcionou pistas para compreender o complexo processo de construção da fotografia como ícone, e trago alguns elementos para valorizar essa dimensão. Este livro abarca desde a análise das condições históricas e sociais da captura da foto e sua projeção editorial na imprensa até a revisão de algumas leituras em torno da imagem a partir de sua publicação em diferentes meios.[8]

Diante do exposto, neste ensaio se desenvolvem os temas relacionados a seguir.

---

[8] Nos últimos 20 anos, tenho estabelecido contato com diversos autores que, no México e no restante da América Latina, desenvolvem chaves valiosas para a leitura das fotografias em seus contextos históricos. Este livro dialoga com todos eles, entre os quais cabe citar: Rebeca Monroy; Ariel Arnal; John Mraz; Abraham Nahón; Laura González; Deborah Dorotinsky; Ernesto Peñaloza; Enrique Camacho; Samuel Villela; Daniel Escorza; Rosa Casanova; Valeria Sánchez; Julio Menajovsky; Cora Gamarnik; Rubén Chababo; Magdalena Broquetas; Gonzalo Leiva; Carlos Alberto Sampaio; Ana Maria Mauad; Pablo Porfirio; Marion Gautreau; Álvaro Vázquez; Charles Monteiro.

Uma leitura histórica dessa fotografia em seu contexto político e social, vinculado de maneira direta ao massacre de Acteal de 22 de dezembro de 1997 e em geral à insurgência zapatista no sul do país durante aquela década.[9]

Uma crônica da jornada em que foi realizado o registro fotográfico por Pedro Valtierra, e de seus colegas, o jornalista Juan Balboa e o cinegrafista Carlos Martínez. Na dita crônica, desempenham papel fundamental os testemunhos orais de Balboa e Valtierra sobre o tema. Deve-se sublinhar que ambos contavam com notável experiência prévia na cobertura jornalística de distintos conflitos no estado de Chiapas e em alguns países da América Central.

Os testemunhos se entrelaçam e se complementam, mas também permitem estabelecer diferenças relevantes que se destacam neste livro. Ambos são construídos e elaborados 15 anos após os acontecimentos, portanto não são imediatos, e tomam como ponto de partida o êxito midiático da imagem.[10]

Cabe assinalar que não me interessa a recuperação do testemunho como garantia de uma aproximação neutra ao passado histórico. Pelo contrário, o objetivo é me aproximar da visão de mundo desses autores e proporcionar chaves de leitura de como se reinventa constantemente o passado a partir das condições do presente. Nessa ordem de ideias, a aposta desta investigação é sublinhar as questões simbólicas, e não ficar em uma reconstrução linear dos fatos (Ricœur, 2007).

---

[9] No decorrer de todo o dia 22 de dezembro de 1997, um grupo de 60 paramilitares vestidos com roupas pretas disparou, com armas de uso exclusivo do Exército, contra homens, mulheres e crianças integrantes de uma organização pacífica chamada Las Abejas, simpatizante do Exército Zapatista de Libertação Nacional (EZLN), que rezava dentro de uma ermida em Acteal, município de San Pedro Chenalhó, no estado de Chiapas. Houve um total de 45 pessoas mortas, todas indígenas *tsotsiles*. O Exército e a segurança pública do governo tiveram conhecimento do massacre, no entanto decidiram não interferir e deixaram a comunidade indefesa. O fato teve enorme ressonância local e internacional e é o antecedente direto do episódio de 3 de janeiro de 1998, que se narra neste livro, e da famosa fotografia de Pedro Valtierra.

[10] A história oral é uma das chaves metodológicas deste livro, que não busca uma fidelidade impossível com o passado, mas a atualização dos discursos a partir das coordenadas do presente. Parte relevante desse tipo de estudo que se vincula com a análise das imagens pode ser encontrada em Freund e Thomson (2011).

Uma leitura iconográfica de alguns elementos da carga estética imersa na composição desta obra documental, na qual se localizam e analisam as peças do quebra-cabeça no arquivo pessoal do fotógrafo e em suas folhas de contato, permite uma compreensão mais profunda de suas buscas formais e documentais, assim como de sua complexa lógica de trabalho.[11]

Considero que a foto representa um ponto de partida para construir uma narrativa histórica, já que as imagens formam parte da invenção de um passado. Nesse sentido, as fotografias não podem ser equiparadas a uma cópia da realidade, mas representações que contribuem para a criação de imaginários visuais que devem ser lidos em função de contextos concretos.[12]

Uma análise do ponto de vista dos editores da imagem no jornal *La Jornada* apresenta como resultado seu reenquadramento em um formato vertical, transformada de colorida em preto e branco a fim de incrementar o grau de sua veracidade, de acordo com as convenções tradicionais do fotojornalismo, e publicada ocupando quatro colunas da primeira página do jornal. A foto obteve, assim, grande projeção e dispôs de uma plataforma midiática que a divulgou internacionalmente.[13]

---

11 Esse é o perfil das pesquisas que realizei nas últimas décadas e que objetivaram a recuperação das trajetórias de alguns dos fotógrafos documentais e de imprensa mais influentes na história recente do México e da América Latina. A metodologia me levou à revisão de fotos publicadas dos autores com o cotejo com seus respectivos arquivos e o contraste com suas histórias de vida e seus testemunhos pessoais. Interessa-me aproximar-me dos olhares desses autores, mas também dos posicionamentos e ressignificações de suas imagens em etapas e contextos posteriores. Ver Castillo (2011, 2018, 2020) e Castillo e Morales (2012).

12 "A fotografia é capaz de nos apresentar certos fatos de modo significativo porque há um contexto no qual a imagem se insere [...] Em outras palavras, representar um objeto por meio de uma imagem não é apresentar as coisas tal como são, e sim conceituar, organizar a informação que se recebe de acordo com um contexto ou interesse" (Aguilar e Eraña, 2008:41).

13 *La Jornada* foi fundado em 1984 com a participação de destacados jornalistas, escritores e intelectuais. De imediato, representou um importante espaço de difusão na opinião pública com uma orientação política de centro-esquerda. Em meados da década de 1990, com a insurgência do EZLN, o jornal se posicionou como um dos críticos mais importantes do regime de Ernesto Zedillo.

Um estudo da cobertura fotojornalística de *La Jornada* sobre o massacre de Acteal e de suas consequências na última semana de dezembro de 1997 proporciona o contexto imediato no qual se insere a foto icônica de Valtierra, que não pode ser entendida de modo isolado, mas por meio do diálogo com as imagens dos fotógrafos do jornal, que situaram previamente o tema na opinião pública. Entre eles, pode-se citar José Carlo González, Guillermo Sologuren, Duilio Rodríguez e Carlos Cisneros.

Uma valorização de alguns dos usos e recepções dessa influente imagem apareceu em publicações de distintos interesses políticos e ideológicos, que abarcam desde a esquerda militante até a direita empresarial e também uma análise da leitura que o máximo representante do Exército Zapatista de Libertação Nacional (EZLN), o subcomandante Marcos, fez dela como ponto de partida fundamental para entender a visão do mundo do zapatismo e da resistência indígena.

Por último, outro elemento interessante para esta análise é a revisão dos testemunhos de escritores e jornalistas que refletiram sobre o episódio e o caráter simbólico da imagem, a partir de diferentes interesses e ideologias. Com eles se encerra o circuito de produção, difusão e recepção que revisarei neste livro.[14]

A revista *Macroeconomía*, dirigida pelo jornalista Mauro Jiménez Lazcano, publicou a célebre imagem de X'oyep na capa de 15 de dezembro de 1998, com um texto de apresentação que assinalava: "A frase 'uma foto diz mais do que mil palavras' se constata na magnífica tomada de Pedro Valtierra que foi merecedora do Prêmio Rei de Espanha de 1998".

Neste livro, parto de premissas totalmente opostas a essa afirmação, já que considero que uma foto em si não diz absolutamente nada e que para indagar seu conteúdo deve-se contextualizá-la e proporcionar pistas concretas para começar a argumentar sobre suas

---

[14] Para a pesquisadora Deborah Dorotinsky (2013:20), "a biografia deste trabalho se revela para nós desde os confins de sua cor e seus reenquadramentos, desde os corações da crônica, os testemunhos, a memória, a história e as múltiplas mudanças da imagem. Em suas diferentes encarnações, torna-se mito e se reinscreve nas histórias de vida".

múltiplas leituras. Tal é o percurso crítico que proponho aqui, o qual passa também pela ideia de vincular a fotografia conhecida do autor com a cultura visual a que corresponde e que produz distintos tipos de sentido.[15]

Em resumo, a revisão cuidadosa desses pontos — nos quais se entrelaça a história social com a análise estética, a crítica fotográfica e a antropologia com as implicações hermenêuticas da história oral — permitirá explorar uma leitura em diferentes níveis de uma fotografia que se converteu em um dos símbolos mais representativos da luta indígena no México e na América Latina no final do século XX.

---

[15] Essa é a rota conceitual e metodológica que segui em trabalhos anteriores e que consiste em analisar o olhar do autor da imagem, cotejar seu testemunho oral com o de outros protagonistas, ler a imagem em todos os seus contextos, analisando sua circulação e suas múltiplas ressignificações, e buscar compreender seus distintos sentidos no interior de uma cultura visual.

1. O zapatismo: da irrupção de 1994 ao massacre de Acteal de 1997

Um singular movimento social — que o escritor mexicano Carlos Fuentes caracterizou não como a última guerrilha marxista do século XX, mas como "a primeira guerrilha da etapa pós-moderna" — irrompeu na madrugada de 1º de janeiro de 1994 na esfera pública. Esse movimento político e social contava com um exército muito pobre, e suas principais armas estavam representadas pelas redes cibernéticas da internet e um líder midiático, o subcomandante Marcos, com uma consciência clara acerca das potencialidades dos usos das imagens e das palavras e sua intervenção pública em alguns setores da sociedade.[16]

Nessa data, muitos cidadãos pensaram que o México havia amanhecido no *primeiro mundo* prometido pelo governo de Carlos Salinas de Gortari, com sua proposta de uma eficiente modernização e a assinatura do Tratado de Livre-Comércio (TLC) com Estados Unidos e Canadá. Contudo, o surgimento de um levante indígena armado no sudeste do país confirmou a todos que, diferentemente dos sonhos e ilusões em torno da modernidade de um país desenvolvido, o México seguia como parte da América Latina, ancorado em seus atrasos ancestrais.[17]

---

[16] Dois estudos sobre o Exército Zapatista de Libertação Nacional (EZLN) como episódio-chave da história recente: Baronnet, Mora e Stahler-Sholk (2011) e Volpi (2004).

[17] O TLC, assinado por Canadá, México e Estados Unidos, entrou em vigência em 1º de janeiro de 1994. A propaganda do governo do México repercutiu de forma muito intensa na opinião pública e prometia uma mudança fundamental na economia, a beneficiar quase todos os setores sociais. Em resumo, anunciava de maneira otimista a chegada de uma nova etapa de prosperidade para o povo mexicano.

Uma das mentes mais lúcidas daquela época, o poeta José Emilio Pacheco expressou essas ideias da seguinte maneira:

> No 1º de janeiro de 1994 despertamos em outro país. No dia em que iríamos celebrar nossa entrada no primeiro mundo, retrocedemos um século até nos encontrarmos de novo com uma rebelião como a de Tomóchic. Acreditávamos e queríamos ser estadunidenses, e nos encontrou nosso destino centro-americano [*La Jornada*, 5 jan. 1994, p. 2].

Essa foi a primeira vitória que o Exército Zapatista de Libertação Nacional (EZLN) registrou no espaço público: o fato de corrigir a otimista narrativa oficial e começar a ditar uma agenda pública distinta, muito mais crítica. Posteriormente, o grupo guerrilheiro se reinventaria várias vezes no decorrer da década de 1990.

Talvez o primeiro triunfo do EZLN sobre o governo tenha ocorrido quando o presidente da República, Salinas de Gortari, anunciou ao país que seu governo estava disposto a "perdoar" os rebeldes se eles baixassem as armas. O recém-conhecido subcomandante Marcos difundiu, primeiro nos periódicos e depois em todos os meios, um de seus primeiros comunicados, intitulado "De que nos vão perdoar?", no qual analisava e desmontava a pergunta oficial até levá-la ao ridículo e reivindicava os grupos indígenas como o setor mais explorado e marginalizado no país durante os últimos cinco séculos.

Como um míssil, o comunicado atingiu o centro da retórica oficial e chamou a atenção de um setor importante da opinião pública, a qual direcionou seu olhar pela primeira vez para o que estava ocorrendo com indígenas no sudeste do país, marcando o declínio final do governo salinista:

> De que nos vão perdoar? De não morrermos de fome? De não nos calarmos em nossa miséria? De não haver aceitado humildemente a gigantesca carga histórica do desprezo e abandono? De havermos nos

> levantado em armas quando encontramos todos os outros caminhos fechados? De haver demonstrado ao resto do país e ao mundo inteiro que a dignidade humana vive ainda e está em seus habitantes mais empobrecidos? [...] *Quem tem que pedir perdão e quem pode outorgá-lo?* Os que, durante anos e anos, se sentaram ante uma mesa cheia e se saciaram enquanto conosco se sentava a morte, tão cotidiana, tão nossa que acabamos por deixar de lhe ter medo?[18]

Entre os rios de tinta que se escreveram sobre a irrupção do EZLN na opinião pública, somente alguns trabalhos abordaram de maneira crítica o uso político e editorial das imagens fotográficas com as quais os jornais e revistas cobriram os fatos e os deram a conhecer nos espaços públicos — assim como o testemunho oral e visual de alguns dos profissionais da lente que registraram os fatos e contribuíram para a criação de um dos imaginários visuais mais pujantes da história recente.[19]

A pluralidade de usos das imagens fotográficas nesse tipo de tema é muito relevante. A princípio, vale aproximar-se de três momentos centrais da incorporação do EZLN ao debate público em 1994. Em primeiro lugar, o enfrentamento armado ocorrido nos primeiros 12 dias de janeiro que sacudiu a opinião pública e fez conhecida em nível nacional e internacional a existência desse grupo e suas reivindicações políticas. O segundo episódio é a realização dos chamados "Diálogos" na catedral de San Cristóbal de Las Casas entre rebeldes e funcionários governamentais de alto nível entre final de janeiro e início de fevereiro. O terceiro se refere à Convenção Democrática Nacional, organizada pelos rebeldes com participação significativa

---

[18] "¿De qué nos van a perdonar?", primeiro comunicado do subcomandante Marcos, *La Jornada*, 18 jan. 1994 (grifo meu).

[19] Cabe destacar a enorme importância de algumas teses universitárias não publicadas que analisaram esses temas. Entre elas, pode-se mencionar Cortés (2010), Sánchez (2014) e Pérez (2016).

de intelectuais e de representantes das comunidades indígenas do resto do país em agosto daquele ano.[20]

Os três episódios selaram a apresentação pública do EZLN, seus inícios e maneiras de reinventar-se de forma simbólica em sua luta política contra o governo. Tudo foi narrado a partir da ótica das imagens. No primeiro, alternaram-se as imagens do Exército e dos guerrilheiros, começou a perfilar-se a figura do subcomandante Marcos e vislumbrou-se, pela primeira vez, a importância dos cidadãos que protestavam contra a repressão e a violência. No segundo, reconfigurou-se o EZLN como uma força política que se consolidou como interlocutor do governo. No terceiro, a própria figura de Marcos chegou ao ápice no debate intelectual em nível nacional e internacional.

A presença do EZLN como sujeito político adquiriu força própria no panorama nacional, logrando posicionar o debate acerca da questão indígena sob uma série de coordenadas distintas que buscavam reconhecer seu perfil específico e seus direitos particulares.

Uma das conquistas do movimento zapatista entre 1994 e 1995 foi recolocar o debate nacional sobre a existência das comunidades indígenas no México. Projetou esse tema na opinião pública e deu visibilidade no momento em que as aspirações de cosmopolitismo e modernidade do Estado mexicano praticamente ignoravam a relevância das tradições e da cultura das comunidades indígenas, além do estereótipo turístico-folclórico do exótico que havia prevalecido nas últimas décadas.

---

[20] O conflito armado dos primeiros dias de janeiro abriu caminho depois para outro tipo de enfrentamento, de caráter simbólico, entre os guerrilheiros e o governo no restante de 1994. Em fins de janeiro, com grande força midiática, ocorreu na catedral de San Cristóbal o diálogo entre Marcos e os comandantes guerrilheiros com Manuel Camacho, muito próximo ao presidente Salinas de Gortari, com a presença do arcebispo Samuel Ruiz, um dos personagens mais relevantes da hierarquia católica, vinculado aos setores da esquerda política do país. Finalmente, em agosto aconteceu a chamada Convenção Democrática Nacional, com a celebração de um encontro dos guerrilheiros com cerca de 6 mil representantes da sociedade civil.

Imagens 8 e 9
EZLN (1994)

Fontes: arquivo fotográfico de Marco Antonio Cruz.

Esse mesmo movimento foi criando uma ampla rede de contatos e solidariedade entre vários grupos, setores e organizações independentes, tanto no interior do México quanto na América Latina, nos Estados Unidos e na Europa.

Após longos meses de trégua política e árduas negociações com os zapatistas, o governo do presidente Ernesto Zedillo assinou, em 16 de fevereiro de 1996, os Acordos de San Andrés Larráinzar sobre Direitos e Cultura Indígena. No tratado, o Estado mexicano se comprometeu a modificar a Constituição e a outorgar uma série de direitos aos povos indígenas, assim como a atender distintas demandas sobre temas como justiça e igualdade. As quatro mesas de debate foram organizadas em torno das seguintes questões: direitos e cultura indígena; democracia e justiça; bem-estar e desenvolvimento; conciliação em Chiapas e direitos da mulher.[21]

Entretanto, pouco tempo depois, em dezembro de 1996, esses acordos foram descumpridos de maneira unilateral pelo próprio governo. Um dos textos que ilustram de modo mais representativo a percepção de um setor da opinião pública sobre a decisão governamental de ignorar os acordos foi publicado por Carlos Montemayor.[22]

Em um editorial, o escritor criticou o início da gestão de Francisco Labastida como secretário de *Gobernación*[23] de Ernesto Zedillo e questionou o descumprimento desses documentos:

> É um grave erro iniciar confundindo os Acordos de San Andrés Larráinzar com os "propósitos apresentados em San Andrés". O governo mexicano subscreveu esses acordos, se comprometeu. Não firmou "bons

---

[21] Ver o informe final sobre o anteprojeto de Lei Geral de Consulta a Povos e Comunidades Indígenas, México, Comissão Nacional para o Desenvolvimento dos Povos Indígenas, LXI Legislatura da Câmara dos Deputados (2008).

[22] Carlos Montemayor (1947-2010) foi um importante escritor e intelectual mexicano, com grande influência na opinião pública e muito comprometido com as causas populares e o ativismo político em defesa das comunidades indígenas e dos direitos humanos.

[23] A figura do secretário de *Gobernación* corresponde ao ministro do Interior ou mesmo ao ministro da Casa Civil no Brasil. Na hierarquia do Poder Executivo mexicano, está logo abaixo do presidente da República. (N.T.)

propósitos", mas acordos. *Pacta sunt servanda*, diziam os velhos romanos, que pelo visto sabiam mais de direito que os assessores da Presidência da República. Os pactos devem se cumprir, sabiam os romanos. O governo mexicano não sabe. O novo secretário de *Gobernación* parece confundir a desistência de um compromisso, o não cumprimento ou irresponsabilidade ante um compromisso com o referendo de um bom propósito [Montemayor, 1998:1].

O fato documentado tanto pelos críticos quanto pelos defensores do sistema é que, diante da falta de consenso entre os distintos setores e facções, a atmosfera em Chiapas se contaminou desgraçadamente por uma série de interesses.

No horizonte político e social, despontaram novos atores, entre os quais os diversos grupos paramilitares, historicamente organizados ao redor dos donos dos latifúndios e das autoridades locais e atualizados pelo conflito entre o governo e os municípios autônomos recentemente criados como resultado do levante zapatista.

O município chiapaneco de Chenalhó converteu-se em 1996 no laboratório da contrainsurgência federal, que implicou um incremento da militarização na região, um amplo desenvolvimento policial e a ação impune de facções paramilitares, algumas delas vinculadas ao Partido Revolucionário Institucional (PRI).

Nesse contexto, em 22 de dezembro de 1997 ocorreu o massacre de Acteal, em que paramilitares da organização Máscara Roja mataram 45 indígenas dessa comunidade em Chenalhó, pertencentes a uma associação conhecida como Las Abejas, simpatizantes do EZLN, que oravam pacificamente na pequena igreja da localidade.

Os antropólogos Andrés Aubry e Angélica Inda (1998:1) oferecem à opinião pública os seguintes elementos para a análise, em texto publicado, por uma coincidência macabra, no dia seguinte ao do massacre de Acteal:

Com repetidos desmentidos, o Estado tem negado a existência de paramilitares dando argumentos em que frações do congresso local e a

> opinião pública resistiram a crer [...] Aparecem quase exclusivamente entre os jovens frustrados pelas autoridades agrárias. Nas 17 localidades de Chenalhó em que conseguimos documentar a existência de 246 deles, a inércia agrária combinada com o crescimento demográfico não dá terra nem trabalho [...] obrigados a viver como delinquentes, não apenas careciam de meios de subsistência, como, ademais, não tinham por que comparecer nas assembleias e, portanto, eram excluídos [...] De repente, a paramilitarização oferece a esses camponeses solução e prestígio.

O dramático episódio causou indignação internacional. Uma crônica detalhada em torno do incremento da militarização e dos preparativos de uma estratégia contrainsurgente por parte do Estado mexicano em Chiapas foi produzida por Hermann Bellinghausen (2008).

Entre outros antecedentes imediatos citados pelo autor, cabe destacar o ocorrido em 19 de dezembro, com a oposição do prefeito priísta Jacinto Arias a uma negociação para acordos de paz na região, e no dia 21, em plena véspera dos trágicos fatos, quando um repórter do *La Jornada* esteve em Acteal e observou os preparativos do massacre, vislumbrando na penumbra homens armados, à espreita. De acordo com essa versão, nas partes baixas do povoado estavam os dois acampamentos formados por pessoas expulsas de suas terras: primeiro, em um barranco, o grupo Las Abejas, composto por simpatizantes do EZLN; mais distante, atrás de um morro, as próprias bases zapatistas. Esses últimos teriam avisado os primeiros de um possível ataque e depois fugiram. Apesar disso, Las Abejas permaneceram no lugar e foram rezar. A escassos 200 metros do massacre estava um destacamento de segurança pública do estado; as autoridades foram informadas desde o meio-dia pelo vigário da paróquia do arcebispo Samuel Ruiz, contudo não tomaram medida alguma.[24]

---

[24] Outras leituras realizadas pelo autor para contextualizar o surgimento dos grupos paramilitares em Chiapas e o incremento da violência no estado estão em Aubry e Inda (2005) e Hernández (2007). A versão oficial dos fatos realizada pelo Estado mexicano pode ser consultada no "livro branco" da Procuradoria-Geral da República.

A cobertura fotográfica nacional foi muito relevante e atraiu novamente a atenção mundial sobre Chiapas. As primeiras imagens que se referiam diretamente ao massacre foram publicadas por *La Jornada* na quarta-feira, 24 de dezembro, e produzidas por Elizabeth Dalziel (Associated Press: AP), Carlos Martínez Suárez e Carlos Cisneros. Consistiram em aproximações dos feridos que foram levados para o Hospital Regional de San Cristóbal de las Casas. O fotógrafo José Carlo González complementou a cobertura com imagens do protesto na Cidade do México.

A primeira página do mesmo jornal de 26 de dezembro publicou uma fotografia de Cisneros sobre o sepultamento em Chenalhó, na qual se pode ver a figura de perfil do arcebispo Samuel Ruiz na missa de corpo presente junto aos 45 caixões dos indígenas assassinados.

Cabe destacar duas reportagens fotográficas. A primeira, produzida pelo próprio Cisneros, intitulada "Chenalhó: horas depois, o devastador cenário de luto", é composta por cinco imagens referentes ao enterro e à sepultura coletiva construída pela população e familiares das vítimas de Acteal.[25]

A segunda é a reportagem coletiva "A vida depois da matança", produzida por Guillermo Sologuren e Duilio Rodríguez. É composta por quatro fotografias que mostram a dispersão dos soldados em Chenalhó e outros instantâneos de mulheres e crianças no albergue de Pohló, assim como de algumas pessoas nas escadarias do Monumento à Independência, conhecido popularmente como El Ángel, na Cidade do México, cenário de uma greve de fome em protesto pelo massacre.

---

[25] O fotógrafo Carlos Cisneros foi designado para a região por *La Jornada* de 14 a 21 de dezembro, dia em que voltou à Cidade do México. Quando soube do massacre, regressou à sua base de operações em San Cristóbal de las Casas; de lá, foi diretamente para o Hospital Regional e posteriormente elaborou, com outros colegas, a narração visual da tragédia, com a exposição dos caixões, a missa de corpo presente e o triste espetáculo das escavações para alojar os ataúdes. A crônica fotográfica desse autor é muito relevante para entender a dimensão da cobertura de *La Jornada* e a construção das condições de visibilidade para esses episódios. Entrevista com Carlos Cisneros realizada por Alberto del Castillo, Cidade do México, 6 maio 2013.

Entre as imagens que posicionam o massacre e suas consequências na opinião pública, vale destacar a fotografia de Cisneros que mostra o êxodo de 400 indígenas até Pohló, os quais se encontravam virtualmente sequestrados por grupos priístas nos povoados de Los Chorros e Pechiquil.

Na tomada fotográfica, pode-se ver de frente um conjunto de pessoas, com destaque para mulheres e meninas, carregando em bolsas de plástico seus escassos pertences e caminhando pela estrada, descalças e indefesas na chuva. A poderosa imagem tornou-se um dos símbolos mais contundentes da tragédia daqueles deslocados à força. Nos dias anteriores, a Televisa transmitiu na televisão aberta uma emotiva reportagem com imagens muito semelhantes, realizadas nas comunidades de Majoveventic e X'oyep, produzidas pelo jornalista Ricardo Rocha, que abordou o tema como poucas vezes no debate nacional. Na matéria, as pessoas expulsas dessas comunidades, localizadas a poucos quilômetros de Acteal, acusavam os priístas de gerar a violência na região.[26]

A menção ao trabalho do jornalista é necessária porque proporcionou uma referência documental para todo o país e representa um contexto prévio para os assassinatos de Acteal e o trabalho posterior de Valtierra em X'oyep.[27]

---

[26] A Televisa é uma empresa particular com forte atuação na história da televisão mexicana. Ao longo da segunda metade do século XX, esteve muito vinculada ao partido no poder, o PRI. Seu dono, Emílio Azcarraga Milmo, declarou-se em 1982 de maneira aberta como um "soldado" do partido oficial e do presidente da República. Ricardo Rocha é um jornalista muito influente na opinião pública, com ampla trajetória nos meios de comunicação e uma reflexão crítica sobre a realidade, a mesma que o levou a sair da Televisa em 1999 e a exercer o jornalismo em outros espaços informativos.

[27] Nas palavras do próprio Ricardo Rocha: "Em dezembro de 1997, fui a Chiapas para fazer uma reportagem na zona de Acteal [antes do massacre]. Apresentamos imagens assustadoras da terrível miséria e da perseguição de que eram alvo os indígenas. Quando lhes perguntei por que haviam ido para lá, disseram: 'Querem nos matar, os priístas'. Me acusaram de desestabilizar o país, de haver construído toda uma montagem. As pessoas pediram para que repetissem a reportagem e eu pedi à Televisa que o fizesse. Me pediram para sair do país porque o governo estava irritado comigo, [os integrantes do governo federal] haviam pedido minha cabeça e que eles [os representantes da Televisa] queriam negociar. De imediato me disseram que esquecesse o pedido para

Na mesma edição de *La Jornada*, foi publicado o suplemento de política e sociedade "Masiosare", com 13 fotografias de Carlos Cisneros, Tomás Vázquez, Douglas Engle (AP), Elizabeth Dalziel (AP), Janet Schwartz (AP), Duilio Rodríguez e Carlos Ramos Mamahua, com cenas do sepultamento, os feridos no hospital, o protesto e o êxodo dos indígenas de suas comunidades. Nelas se mostram a tragédia da guerra em Chiapas e as consequências da militarização com o apoio e a complacência governamental, local e federal.

Cabe destacar a capa do suplemento: uma fotografia noturna de Cisneros que mostra a chegada dos caixões a Acteal com o significativo título "Dezembro: do erro ao horror", que faz alusão ao início do mandato de Zedillo e à evolução da guerra militar em Chiapas, fruto do desconhecimento governamental dos Acordos de San Andrés.

Finalmente, e como parte da cobertura imediata sobre Acteal e suas sequelas, destaca-se a fotografia de Cisneros que mostra o momento em que um dos indígenas expulsos cava com as próprias mãos a tumba de seu bebê de apenas 22 dias, morto de pneumonia. Na imagem, tomada em ângulo baixo, vê-se o homem de joelhos, apoiando-se com o braço esquerdo no chão e quase cobrindo com o corpo o cadáver do filho envolto em uma manta branca, com parte do rosto descoberta. Uma fotografia de grande alcance, capaz de narrar uma história e que também condensou a tragédia dos indígenas expulsos naqueles dias.

Nesse contexto e com esses antecedentes fotográficos publicados em *La Jornada* na semana de 23 a 31 de dezembro de 1997, Pedro Valtierra assumiu a coordenação da cobertura dos acontecimentos a partir de 1º de janeiro de 1998 em San Cristóbal de las Casas, como veremos.

---

repetir a reportagem. Então, minha esposa, Marianela, e eu fomos para Nova York. Recordo que estava no Hotel Plaza, 15 dias depois da reportagem que apresentamos, e chegou um fax de meus companheiros que aliviou minha alma. Diziam que o que falaram os indígenas se confirmou e que 45 pessoas haviam sido assassinadas: meninos, meninas, mulheres grávidas, de uma maneira espantosa, terrível". Entrevista de Audón Coria com Ricardo Rocha em: <www.selecciones.com.mx>. Acesso em: 15 ago. 2021.

A primeira reportagem fotográfica a partir da integração de Valtierra à equipe que vinha cobrindo os fatos foi: "Fim do ano em Los Altos de Chiapas". Com imagens de Carlos Cisneros, José Carlo González e do próprio Valtierra, a reportagem, publicada em 2 de janeiro de 1998, mostra detalhes da missa realizada em 31 de dezembro em Acteal e a celebração do quarto aniversário do levante zapatista em Oventic.

Devem-se ressaltar as primeiras páginas de 2 e 3 de janeiro de 1998, publicadas no jornal com duas fotografias de Pedro Valtierra, as quais constituem o marco visual imediato em que se inscreve a foto das mulheres de X'oyep.

A primeira se refere à missa realizada em San Pedro Chenalhó pelas vítimas do massacre de Acteal. A imagem ocupa a parte inferior da primeira página. Trata-se de um enquadramento horizontal com uma mulher em primeiro plano. A indígena tem os olhos fechados e junta os braços à frente, sustentando uma vela acesa em pose de oração. Ao fundo, observa-se um grande número de pessoas em pé durante a celebração eucarística de fim de ano. A legenda informa tratar-se da missa celebrada em Chenalhó em memória das vítimas do massacre.

É significativa a simbologia católica presente na imagem. Isso remete à religiosidade popular que permeia grande parte das organizações indígenas, vinculadas ao trabalho de evangelização de várias décadas empreendido na região pelo arcebispo Samuel Ruiz e que constitui a atmosfera da cobertura jornalística de Acteal.

A fotografia mostra um plano geral da missa celebrada ao ar livre. Na imagem, ressalte-se a importância da mulher no plano médio, que aparece na frente da câmera com a cabeça coberta por um lenço e um olhar baixo, de costas para um grande número de pessoas que observam solenemente a cena a distância.

O enquadramento geral e o leve ângulo de baixo para cima permitem apreciar outros elementos, como a concentração de pessoas em torno de uma cruz funesta formada por velas no piso. No entanto, no contexto já definido, o aspecto de maior força na foto é a expressão digna e serena do rosto da mulher, que sintetiza, em nível simbólico, a dor pelo massacre e que por isso foi exibida na primeira página.

Imagem 10
Funerais em Acteal (2 jan. 1998)

Fonte: arquivo fotográfico de Pedro Valtierra.

A segunda capa, do dia 3 de janeiro, refere-se ao registro de um enfrentamento entre mulheres *tojolabales* e soldados em Yalchiptic, Altamirano. É um importante antecedente iconográfico da fotografia das mulheres de X'oyep, que Valtierra faria somente 24 horas depois, e que tem a virtude de tornar visíveis alguns elementos que se repetiriam nos enquadramentos posteriores.

A cena está composta de um plano inteiro e foi realizada com um ângulo normal. Na diagonal que ocupa a parte direita da imagem, uma fila de mulheres — algumas com saias coloridas e tradicionais, outras com uma vestimenta mais urbana (uma delas inclusive usa um casaco) e a metade do rosto coberta com bandana — repreende os militares com pedaços de madeira.

Os soldados se limitam a formar uma cerca, resguardados pelos restos de uma construção em ruínas, e a observar fixamente as mulheres. Um deles detém o olhar na câmera do fotógrafo, evidenciando a atenção militar já voltada para a presença dos meios de comunicação.

A atmosfera de confronto transmitida pela fotografia manifesta-se nas gesticulações de algumas mulheres que enfrentam o grupo de soldados. É o caso da mulher na parte central da cena, levantando o braço e o olhar na direção dos militares à sua frente, em um evidente sinal de irritação e questionamento.

À esquerda, estão seis soldados, cuja presença se observa na imagem diante da enérgica postura das mulheres. Tudo isso forma a mensagem midiática do jornal, que posiciona na esfera pública as mulheres e constrói uma leitura propícia para projetar sua luta no âmbito da discussão nacional. A manchete destaca o aumento do número de militares no estado de Chiapas e com isso induz a uma leitura negativa sobre a presença dos soldados na imagem.

Por outro lado, a fotografia superior direita, que se refere ao vulcão, de nome indígena, Popocatépetl — um símbolo da nação mexicana —, em plena atividade e expelindo fumaça, pode associar-se com a força telúrica da mãe natureza e, portanto, com a atividade e a beligerância que essas mulheres manifestam na defesa de seu território e seus recursos naturais, com tudo o que isso implica na visão tradicional do mundo indígena, mas também, e sobretudo, na reivindicação de seus direitos políticos como cidadãs.[28]

Nessa ordem de ideias, o título que aparece na parte superior e que afirma "sob controle", referindo-se às declarações das autoridades no monitoramento cotidiano das atividades do famoso vulcão, também poderia aplicar-se ao contexto desse peculiar enfrentamento entre soldados e mulheres, com uma série de conotações de gênero, nas quais o Exército federal pretende ter o controle (masculino) da manifestação social (feminina).

Um ponto central que se observa nessas primeiras fotografias é a consciência que essas mulheres apresentam em torno da existência

---

[28] O vulcão Popocatépetl ("montanha fumegante"), com seu gênero masculino na língua *nahuatl*, é um dos símbolos da identidade do vale do México, e forma dupla com o vulcão Iztaccíhuatl ("a mulher adormecida"). Pinturas, litografias e fotografias desses vulcões nos séculos XIX e XX consolidaram sua presença como referentes centrais da paisagem do México e representaram um dos imaginários visuais mais marcantes do país. Por tudo isso, sua presença na primeira página de *La Jornada* tem uma carga simbólica muito importante.

da mídia para cobrir o conflito. São cenas dramáticas, em que a presença dos fotógrafos intervém no comportamento de ambos os lados: pelos soldados, incide na tolerância e na aparente tranquilidade com que recebem e encaram o protesto; pelas mulheres protagonistas, influencia a forma teatral com que repreendem os militares, com pedaços de madeira, e incrementam a dramatização de seu ativismo diante das câmeras.

Imagem 11
Primeira página de *La Jornada* (3 jan. 1998)

■ Crece la tensión entre soldados y bases zapatistas

Escalada militar en Chiapas; los patrullajes serán *indiscriminados*

HOY SABADO 3 DE ENERO DE 1998

"BAJO CONTROL"

Según el subsecretario de Protección Civil, Ricardo García Villalobos, las autoridades se mantienen alerta, "pero sin urgencia", después de las emanaciones incandescentes del jueves, causantes de los incendios que se aprecian en el ángulo inferior derecho en esta toma del Cenapred. ■ 47

■ Sierra de Atoyac

Movilizan tropas ante versiones de posible choque de EPR y priístas

Maribel Gutiérrez, corresponsal, *Acapulco, Gro., 2 de enero* □ Una movilización militar inusual se dio esta mañana en los alrededores de la comunidad de El Cucuyachi, en la sierra de Atoyac, ante rumores de que ocurriría un enfrentamiento entre el Ejército Popular Revolucionario (EPR) y un grupo paramilitar [illegible] ■ 14

■ Adolfo Gilly ■

Contra toda esperanza

Página 9

■ Yvon Le Bot* ■

La *guerra sucia* de Chiapas

Para eludir sus responsabilidades en la matanza de Chenalhó, las autoridades mexicanas tratan de hacer creer que, esencialmente, ésta es consecuencia de conflictos intracomunitarios o intercomunitarios. Algunos medios rechazan esta explicación por insuficiente. Se presenta como un "en- ■ 6

■ Halla la PGR armas frente a la casa de un detenido por Acteal
■ Tres funcionarios estatales, bajo investigación, confirma Madrazo
■ "Provoca" SG al reportar un *campamento* rebelde: vocero de Cocopa
■ Acusan a Paz y Justicia del asesinato de un civil zapatista en Tila
■ Protestas ante la Casa Blanca y consulados mexicanos en EU

Fonte: Biblioteca Miguel Lerdo de Tejada, Secretaria de Fazenda e Contas Públicas (SHCP).

Para contextualizar a leitura das imagens, é fundamental levar em consideração o fato de que os protagonistas desses episódios eram refugiados, deslocados à força, que vinham fugindo da violência, cujo episódio mais terrível havia sido o massacre de Acteal. Entre eles, quero destacar a presença dos sujeitos mais invisíveis de toda a escala social: as crianças e as mulheres.

Dois exemplos estão representados por duas fotografias, de José Carlo González e Pedro Valtierra. A primeira, de González, foi tomada no acampamento de X'oyep. De um ângulo baixo e em primeiro plano, veem-se os pés enlameados de um menino sentado em um banco de madeira. Através da abertura deixada por suas pernas, observa-se a figura de uma menina que carrega um bebê nas costas. Isso a 24 horas do clique da fotografia icônica de Valtierra no mesmo lugar, o que a converte em seu antecedente imediato e interlocutora de um interessante diálogo visual entre as duas imagens.[29]

A segunda é do próprio Valtierra: um grupo de meninas e mulheres com os rostos cobertos por bandanas e balaclavas, armadas com pedaços de madeira, obstruindo, segundo a legenda, o caminho de terra que conduzia ao povoado de Yalchiptic, no município de Altamirano. A imagem é muito significativa e também proporciona uma visão distinta sobre as mulheres indígenas, não como pessoas passivas e submissas, e sim como sujeitos beligerantes e ativos, que defendem seus direitos e exigem a saída do Exército de seus territórios e comunidades.

Os negativos sobre esse episódio permitem entender a lógica interna do trabalho de Valtierra como fotógrafo e reconhecer o caráter e o conteúdo de suas buscas documentais e estéticas.

---

[29] José Carlo González é um fotógrafo mexicano com sólida presença na mídia nas últimas três décadas. Em 1997, integrou a equipe de trabalho de Valtierra e realizou registros de toda a zona de X'oyep, com uma carga estética e documental de primeira ordem, que posteriormente foram aproveitados por Valtierra para seu próprio exercício fotográfico nessa comunidade.

Imagem 12
Da série "Expulsos: a outra cara do conflito",
por José Carlo González (Chiapas, 1998)
Prêmio Fotoprensa México 1998

Fonte: arquivo do Centro da Imagem/Fundo Bienais de Fotojornalismo.

A historiadora da arte Deborah Dorotinsky analisa essa imagem e constrói outros parâmetros de interpretação que remetem os leitores às gravuras e pinturas da Revolução Francesa, nas quais também aparece a figura de mulheres armadas com pedaços de madeira. Com isso, traça uma interessante iconografia moderna em que esse tipo de indigenismo pode ser lido também como parte do surgimento de uma cidadania defensora de seus projetos.[30]

[30] Entrevista com Deborah Dorotinsky realizada por Alberto del Castillo e Mónica Morales, TV Unam, 13 maio 2012. É profícua a leitura da pesquisadora, pois ilumina não só as tradições locais, mas a iconografia ocidental moderna da qual fazem parte esses grupos e comunidades.

Imagem 13
Tira de negativos das mulheres de Yalchiptic
(município de Altamirano, Chiapas, 2 jan. 1998)

Fonte: arquivo fotográfico de Pedro Valtierra.

Como visto neste capítulo, a irrupção do zapatismo em 1994 marcou o início de uma nova etapa na discussão sobre a questão indígena no país. Posteriormente, o desconhecimento de parte do governo de Zedillo sobre os Acordos de San Andrés abriu espaço para novos atores sociais, entre eles diferentes grupos paramilitares vinculados ao próprio governo.

A ressonância do massacre de Acteal, acarretada em uma parte importante da sociedade pela cobertura fotojornalística produzida por *La Jornada* e outros meios de comunicação locais e internacionais, é relevante para dimensionar e compreender o horizonte midiático que rondou e envolveu o trabalho jornalístico e fotográfico sobre X'oyep desde seus primeiros momentos. Trata-se de uma disputa simbólica pelas imagens em que participaram, de um lado, o Estado mexicano, o Exército e as forças da ordem, e, do outro, as comunidades indígenas e seus aliados e simpatizantes na sociedade civil.

É fundamental sublinhar esse marco, já que constitui o contexto em que irá se desenvolver o trabalho de fotojornalismo de Valtierra naqueles dias e que resultará pouco depois na construção de um dos referentes icônicos mais relevantes do zapatismo no final do século passado, como veremos nos capítulos seguintes.

2. O caminho para X'oyep

O fotógrafo Pedro Valtierra estava de férias quando ocorreu o terrível massacre de Acteal. Pouco depois dos acontecimentos, entrou em contato com o jornal *La Jornada*, no qual trabalhava como coordenador editorial do departamento de fotografia, e combinou com a diretora Carmen Lira sua viagem para o lugar dos fatos no sul do México, no final de dezembro de 1997.[31]

Com uma experiência profissional adquirida na cobertura dos conflitos na Guatemala e na Nicarágua, e sobretudo por meio de diversas jornadas de trabalho fotojornalístico no estado de Chiapas entre 1978 e 1998, o fotógrafo organizou um posto de informação na cidade de San Cristóbal de las Casas. Lá, Valtierra dispunha de uma pequena mas eficiente infraestrutura para fazer imagens na zona de conflito e contar nos arredores com o apoio logístico de seus colaboradores, entre eles José Carlo González.

González é uma peça-chave para entender o quebra-cabeça. Começou a trabalhar em *La Jornada* em meados de 1997, com 24 anos de idade. Chegou a San Cristóbal com Valtierra no dia 30 de dezembro daquele ano e implementou um quarto escuro no banheiro do Hotel Casavieja, um dos mais tradicionais da cidade e local de reunião de fotógrafos, escritores e jornalistas que cobriram as atividades do EZLN nos anos 1990. Em 2 de janeiro de 1998, viajou para X'oyep, onde produziu várias fotografias do acampamento dos refugiados com poderosa carga documental e estética.

Com esse material, ganhou o primeiro lugar na importante Terceira Bienal de Fotojornalismo, organizada pelo Centro da Imagem

---

[31] Conversa entre Pedro Valtierra e Alberto del Castillo, 25 jun. 2012.

naquele ano, na categoria Reportagem, com uma sequência de fotografias que construíram um relato. No mesmo evento, a imagem de Valtierra capturada no dia seguinte também ocupou o primeiro lugar na categoria Fotografia de Imprensa.[32]

Essa viagem de ida e volta entre as paredes do museu, um lugar consagrado pela arte, e as páginas noticiosas da imprensa representa a configuração de espaços complementares que dialogam entre si, como são a reportagem e a notícia, e constroem novos horizontes de leitura e recepção para essas imagens, com toda a sua eloquência jornalística, estética e documental.

As fotografias de González elaboradas com o conceito de reportagem e de sequência recuperaram dessa maneira o entorno de X'oyep e ampliaram as possibilidades do olhar do fotógrafo Pedro Valtierra para o contexto da região naqueles dias.[33]

Aqui apresento três dessas fotos, nas quais se mostra o êxodo dos refugiados de Yalchiptic: uma poderosa diagonal que expõe as dificuldades que deverão enfrentar os indígenas através de um caminho cheio de lama; um instante de uma cerimônia religiosa em Acteal em memória das vítimas do massacre; um retrato da dignidade, por meio de uma visão sobre a oposição das comunidades à ocupação militar. Este último se consegue graças a uma aproximação em primeiro plano de uma mulher que segura um pedaço de madeira com a mão esquerda e, ao mesmo tempo, carrega seu pequeno filho, diante da indiferença dos soldados que aparecem borrados, fora de foco no fundo da imagem.

---

[32] A fundação do Centro da Imagem na Cidade do México em 1994, e seu apoio à difusão da foto documental e do fotojornalismo naquela década, representa um dos fatores que contribuíram para a difusão das imagens em torno do zapatismo em nível nacional e internacional.

[33] Em entrevista realizada pelo fotógrafo Enrique Villaseñor (2015:8), o diretor do Centro da Imagem naqueles anos, o investigador Alejandro Castellanos, reconhece a importância da bienal para a construção da memória em torno da luta do EZLN: "É uma memória histórica única, um legado insubstituível de um momento-chave do país: a transição política de 1994 a 2005 [...] se não houvesse ocorrido a Bienal de Fotojornalismo, não teríamos a memória do zapatismo em imagens".

Trata-se de um sugestivo tríptico que constrói toda uma narrativa visual sobre o conflito indígena em Chiapas. Permite, ademais, ampliar o contexto jornalístico, que temos documentado para a publicação da foto aqui analisada, e estabelecer um interessante diálogo visual entre as imagens de González e Valtierra tanto nas páginas de *La Jornada* quanto em outros foros institucionais dedicados à fotografia, como a Bienal de Fotojornalismo. Os prêmios conquistados nesse evento em 1998 ressaltam o trabalho de sequência e a eficácia da narrativa visual, no caso de González, e a pertinência noticiosa e informativa, no caso de Valtierra.

Imagens 14-16
Da série "Expulsos: a outra cara do conflito",
por José Carlo González (Chiapas, 1998)
Prêmio Fotoimprensa México 1998

▼

▼

Fonte: arquivo do Centro da Imagem/Fundo Bienais de Fotojornalismo.

O jornalista Juan Balboa, repórter de *La Jornada*, e o cinegrafista independente Carlos Martínez, ambos com experiência nesse tipo de conflito, fizeram contato com Valtierra. O primeiro o convidou para cobrirem juntos alguns acontecimentos que ocorreriam nos dias seguintes no município de Chenalhó, um dos lugares mais afetados pelo massacre e aonde haviam chegado centenas de refugiados que buscavam fugir da violência desde várias semanas antes da matança de Acteal, como ficou claro nas entrevistas realizadas pelo jornalista Ricardo Rocha na reportagem citada.

Convém destacar a antiga relação de trabalho entre Balboa e Valtierra, que remete às reportagens sobre os refugiados guatemaltecos em Chiapas realizadas no início dos anos 1980 para as páginas de outros jornais. Essas reportagens familiarizaram o fotógrafo com o contexto e as dinâmicas próprias dos campos de refugiados e possibilitaram uma colaboração pessoal e um entendimento profissional muito frutífero com Balboa. De fato, como já dito, o convite para visitar X'oyep e registrar as tensões e conflitos na região veio do próprio Balboa, que vivia em San Cristóbal e contava com informação privilegiada sobre o lugar, diferentemente da maior parte dos repórteres e fotógrafos de outros jornais, os quais não viajaram a X'oyep na manhã de 3 de janeiro daquele ano e cobriram outras atividades nas distintas zonas do estado de Chiapas.

Assim, o diálogo profissional entre o fotógrafo e o jornalista é outra das chaves de leitura para entender a eficácia desse novo registro fotográfico. Em companhia de Balboa e outros jornalistas, como Miguel Ángel Velázquez, Valtierra inseriu no debate público, com suas reportagens no jornal *unomásuno*, a presença de refugiados guatemaltecos e salvadorenhos no início dos anos 1980. A influência política dessas reportagens é um antecedente importante para situar e compreender os alcances das novas coberturas em Acteal e X'oyep.[34]

---

[34] O jornal *unomásuno* renovou o exercício do fotojornalismo no final dos anos 1970 e no princípio de 1980. Nesse espaço editorial, o fotógrafo Valtierra foi construindo um olhar pessoal em torno dos conflitos sociais. O diretor do jornal, Manuel Becerra Acosta, foi um dos editores gráficos mais relevantes daquela época e abriu as portas do diário para uma fotografia jornalística muito crítica ao poder.

Imagem 17
Refugiada salvadorenha (1981)

Fonte: arquivo fotográfico de Pedro Valtierra.

O mesmo pode ser afirmado no caso de Carlos Martínez, cujo registro documental sobre a guerrilha sandinista da Nicarágua no final dos anos 1970 foi compartilhado com Valtierra em distintas jornadas de trabalho, nas quais ambos os jornalistas enfrentaram os desafios e riscos das zonas de guerra e aprenderam a se mover juntos em circunstâncias bastante adversas.

Nesse contexto, um batalhão com cerca de 200 soldados do Exército mexicano, comandado pelo major José Armenta, ocupou, em 3 de janeiro de 1998, um valioso olho-d'água que afetava de maneira direta as comunidades de Chenalhó, muito próximas da de X'oyep, impedindo que acessassem o líquido vital. A captura da única fonte de água na região era uma agressão direta aos habitantes. A resposta imediata contra essa operação deve ser entendida no duplo contexto de mobilização da comunidade em torno do controle de seus recursos naturais e do temor de uma nova agressão, posteriormente ao massacre de Acteal, por parte dos soldados ou dos grupos paramilitares.

X'oyep era uma aldeia, no meio do caminho entre Pohló e Yabteclum, com 13 modestas casinhas construídas com tábuas de madeira e tetos de zinco, que, em novembro de 1997, havia aberto suas portas a 1.095 pessoas expulsas de quatro comunidades: Los Chorros, Yibeljuj, Puebla e Yaxjemel. Com elas se constituiu o segundo acampamento de refugiados internos mais numeroso do estado de Chiapas naqueles anos.

Os dois relatos que analisarei a seguir, do fotógrafo Pedro Valtierra e do jornalista Juan Balboa, ambos testemunhas privilegiadas dos fatos, são complementares entre si e apontam em algumas ocasiões para registros de diferentes interpretações que irei cotejando.[35]

Como já afirmei, interessa-me mais indagar o uso da memória por cada personagem a partir das condições do presente do que a impossível tarefa da busca rigorosa da fidelidade dos testemunhos ou do registro e da precisão dos dados.[36]

Valtierra e Balboa chegaram à região na manhã de 3 de janeiro de 1998, por intermédio de contatos locais, que lhes forneceram a informação sobre possíveis conflitos, e das matérias jornalísticas já publicadas, em busca das notícias que circulavam sobre os fatos posteriores ao massacre de Acteal.

---

[35] A entrevista com Pedro Valtierra foi realizada por Alberto del Castillo e Mónica Morales em 7 de abril de 2012; a entrevista com Juan Balboa foi realizada por Alberto del Castillo em 6 de maio do mesmo ano. Ambas foram feitas com o apoio da TV Unam, no contexto da preparação da exposição museográfica *Pedro Valtierra: mirada y testimonio*, inaugurada no Centro Cultural Universitário Tlatelolco, na Cidade do México, em 28 de junho de 2012. Neste livro, vou complementar a versão dos fatos com o relato de Balboa publicado na revista *Cuartoscuro* em dezembro de 2018, no qual são reformulados diversos aspectos relacionados ao episódio.

[36] "A memória narrada é produto de uma seleção e por isso é acompanhada de silêncios e esquecimentos. Quem recorda procura criar uma identidade consigo que harmonize o passado e o presente. Ao mesmo tempo, mostra um afã para inscrever sua vivência individual em seu mundo, já em conflito, já em acordo. A memória é então um campo de ação em que continuamente se negociam as percepções de ser e estar no mundo. A evidência fática aparece assim contextualizada por uma interpretação da vida, de maneira que a ação de recordar em si resulta historicamente significativa. *Os dados duros que produz a entrevista são bem importantes, porém em menor grau que a memória como processo histórico*" (Necoechea, 2005:15; grifo do autor).

Imagem 18
Mapa de Los Altos de Chiapas, sudeste do México

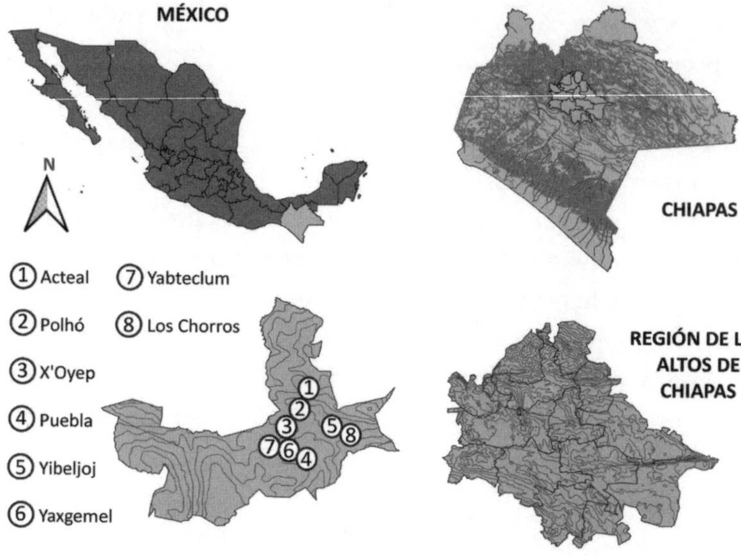

Fonte: Raymundo Cruz.

Até o final de dezembro de 1997, a presença de pessoas expulsas de suas terras era cada vez mais notória em X'oyep, e tanto na imprensa quanto em outros âmbitos comentava-se o perigo que esse acampamento corria, depois do ocorrido em Acteal, de ser objeto de um novo massacre. Por outro lado, recorde-se que o fotógrafo José Carlo González esteve naquela comunidade em 2 de janeiro de 1998 e realizou uma cobertura fotográfica da região, pela qual Valtierra teve um conhecimento visual da área, antes de confirmar sua participação com Balboa e Martínez no dia seguinte. Nas palavras de Juan Balboa:

> Então fomos os três [Balboa, Valtierra e Martínez] até Chenalhó. Recordo que para chegar a essa comunidade tinha que passar pela capital municipal e ficava a uns 10 quilômetros. Tinha que deixar o jipe na estrada e caminhar... uma caminhada longa [...] Carlos Martínez havia trabalhado com Pedro na América Central, a região dos sandinistas, os episódios na Guatemala e em El Salvador, e eles haviam *caminhado muitas montanhas*. O jornalismo que produziram nessa parte de Chiapas

> e o que eu fiz implicam *caminhar muita montanha*. Se não *caminhas montanha*, não chegas ao lugar. Carlos é um tipo alto, forte, que tem *caminhado muita montanha*... Pedro e eu não somos grande coisa, porém temos a experiência de *caminhar montanha* e começamos a caminhar. Depois de meio quilômetro, já era difícil seguir caminhando. Então Carlos Martínez Suárez fez uma brincadeira com Valtierra e disse: "O quê, já te cansaste?", e Pedro disse: "Eu ainda não estou velho e aguento isso e mais!". E, sim, caminhamos muito ainda e assim chegamos à comunidade.[37]

A expressão "caminhar montanha", que se repete cinco vezes nesse breve fragmento, condensa as adversidades enfrentadas pelos jornalistas e o enorme esforço que precisaram fazer para alcançar seu objetivo e chegar à comunidade. Em outro nível, Balboa recorda a experiência e a bagagem profissional dos três personagens e com isso adverte que se trata de olhares especializados, forjados ao longo de muitos anos de trabalho.

Ele ressalta o vínculo de amizade e camaradagem entre os jornalistas, que marca certa lógica masculina a rodear essa cobertura profissional. Predomina um ânimo festivo e relaxado, quase adolescente, que precede ao registro jornalístico dos acontecimentos e que em nada parece anunciar a iminência de uma possível tragédia.

O relato de Valtierra omite os detalhes afetivos. É muito mais direto e às vezes sucinto. Com um tom mais neutro, informa sobre a chuva e as difíceis condições de acesso ao lugar. A visão sobre a profissionalização do ofício desloca as alusões às relações festivas de amizade, prevalecentes no relato de Balboa:

> Chegamos a esse lugar, que não é de fácil acesso. Está na parte alta, então tem que caminhar muito. Chovia muito. Não havia maneira de chegar facilmente caminhando, e de imediato começamos a fotografar o acampamento e as condições em que estavam vivendo as pessoas...[38]

---

[37] Entrevista com Juan Balboa realizada por Alberto del Castillo, TV Unam, 6 maio 2012 (grifos do autor). Doravante, identificarei essa referência aludindo apenas ao entrevistado.

[38] Entrevista com Pedro Valtierra realizada por Alberto del Castillo e Mónica Morales, TV Unam, 7 abr. 2012. Doravante, identificarei essa referência aludindo apenas ao entrevistado.

Os três personagens e outro grupo procedente da Televisa[39] e dos jornais *El Nacional* e *Reforma*, que chegaram ao lugar por conta própria, registraram o insólito encontro entre soldados e indígenas, que durou cerca de quatro horas, e regressaram a San Cristóbal para informar suas respectivas redações.

O primeiro contato com a comunidade é descrito por Balboa num relato complexo, que contém muita informação:

> A comunidade estava muito estranha. Não sabíamos o que estava acontecendo. As pessoas não queriam dizer que coisa iria acontecer... Então dissemos: "Pois esperemos...". Esperamos e, em meia hora, uma mulher chega e nos diz: "*Sigam-nos!*". "*Sigam-nos?* O que é isso de *sigam-nos?*" [me perguntei]. Ou seja, eu não entendia o que era esse "*sigam-nos!*". "*Sigam-nos*, vamos!" Disse Pedro: "Então vamos...". E chegamos os três atrás deles... Uma comunidade... falo de umas 500 pessoas, mais ou menos, muito enfurecidas, gritando... Nós perguntamos: "Aonde vão?". É que não sabíamos que os militares tinham entrado pela parte exterior. Acabavam de entrar na tarde do dia anterior e estavam com suas mochilas. Haviam dormido na noite anterior, contudo não esperavam a chegada da comunidade. A comunidade queria expulsá-los porque sabia que, se ficassem, sua vida mudaria completamente... Então nos damos conta de que essa é a situação, quando vamos chegando e vemos os militares com suas mochilas [...] Os caras haviam chegado com suas mochilas, descarregaram no chão e dormiram, imagino, com *sleeping bags* ou alguma coisa, mas não tinham desempacotado nada... Quando veem que as pessoas vêm, fazem uma formação redonda com seu fuzil e deixam suas coisas no meio, incluindo as mochilas. As pessoas chegam e os rodeiam, então os militares fazem um círculo e a comunidade faz outro.[40]

---

[39] Essa empresa é muito importante pelo peso histórico de sua cobertura midiática em nível nacional e internacional e pelo fato concreto de haver realizado visitas anteriores à região, o que lhe dá um conhecimento mais profundo do local e de seus habitantes, como se pode constatar por meio da reportagem citada do jornalista Ricardo Rocha.

[40] Entrevista com Juan Balboa (grifo do autor).

"Sigam-nos" converte-se na palavra-chave do relato de Balboa, que permite uma aproximação da complexa trama cultural em que a alteridade é percebida pelos jornalistas: a princípio eles se mostram confusos e pouco a pouco são guiados por um grupo de mulheres que os conduzem até o acampamento militar recém-instalado.

De acordo com essa versão, as mulheres os guiam para que testemunhem e com isso registrem e protejam a enérgica intervenção da comunidade ante as Forças Armadas. Convém ressaltar aqui um elemento fundamental que se destaca no testemunho do jornalista: a liderança é claramente assumida e representada pelas mulheres; os jornalistas apenas assumem o papel de subordinação e colaboração diante dos desígnios da comunidade.

No relato de Valtierra, o contato com a comunidade se produz de maneira muito mais sóbria e concisa. A ambiguidade semântica e cultural resumida no "sigam-nos", percebida e questionada por Balboa, simplesmente não existe. O que está presente é uma alusão ao papel desempenhado pelos militares e a importância da presença dos soldados no lugar.

O fotógrafo adota um ponto de vista em que os militares estariam longe de ser considerados os guardiões e protetores das comunidades, porém tampouco podiam ser qualificados como os responsáveis diretos pela violência:

> Quando chegamos, vimos que as pessoas começaram a se reunir, e um dia antes nos disseram que haviam chegado os soldados e que haviam se instalado muito próximo do acampamento, a uns 200 ou 300 metros. A ideia dos soldados é que vinham protegê-los, mas a ideia da gente de X'oyep era que os soldados eram os responsáveis... [pelo massacre]. Supõe-se depois que os responsáveis pelo massacre eram grupos que não tinham nada a ver com o Exército... Eu não digo que o Exército não os treinou, porém o Exército, como tal, eu não creio...[41]

[41] Entrevista com Pedro Valtierra.

Dessa maneira, a leitura e interpretação dos fatos, formulada quase 15 anos depois dos acontecimentos, forma parte do relato do fotógrafo e é incorporada à narração do fato. Trata-se de uma visão retrospectiva, construída *a posteriori*, como resultado de outras leituras, debates e discussões gestadas pela comunidade jornalística nesse lapso em que a fotografia afortunada de Valtierra foi se convertendo em um referente icônico do episódio.

A percepção sobre a figura do fotógrafo e do contexto em que desempenha seu trabalho profissional, junto com o cinegrafista Carlos Matínez, ocupa um lugar relevante no relato de Balboa. Trata-se de um testemunho muito significativo, que aborda um tema pouco tratado no fotojornalismo e que remete às condições de trabalho que subjazem à captura de certo tipo de imagem.

Nessa argumentação também se destacam as condições psicológicas, de grande tensão, dos protagonistas. Um indicador desse fenômeno consiste no fato de que as palavras que remetem a esse contexto se repetem várias vezes no testemunho. A narração é muito rigorosa e rica em detalhes, centrada na descrição do trabalho profissional de Valtierra e em sua forma de realizar a cobertura fotográfica:

> Nesse momento, ocorreu uma coisa impressionante, que verdadeiramente me impactou muito... Carlos Martínez, que é um especialista, um homem que também trabalhou muito em zonas de guerra, solta sua mochila, larga tudo e pega sua câmera e começa a filmar, e Pedro Valtierra larga tudo e começa a caminhar ao redor desses círculos com uma tranquilidade, com uma paz, que me impressionava! Porque estamos falando que as pessoas gritavam e começavam a bater duro nos militares. Os militares estavam com os rifles, e as mulheres estavam batendo neles, dando tapas e golpes. Eu disse: "Algo vai acontecer aqui", ou seja, os militares seguramente vão começar a disparar. E eu via Carlos, porém via mais Pedro, que subiu em uma pedra e de lá, pá, pá! Fazia a foto, deitava no chão, com toda essa violência, com essa tensão. Eu estava muito tenso! Tanto que chegou um pessoal da Televisa. Lembro muito que esse homem da Televisa se aproximou, ficando a cerca de três metros

> do conflito, e começou a filmar, e havia um jornalista muito jovem do jornal *Reforma*, que teve medo... Enquanto se via Valtierra se jogar no chão e de baixo disparar sua câmera, clac, clac!, subir em uma árvore, em uma pedra e se aproximar dos militares e da mulher ou do homem que estava gritando e sacudindo o soldado, e do outro lado o jovem fotógrafo longe do lugar e fazendo fotos a distância. É que o ambiente era muito tenso, realmente muito tenso... Eu também estava muito tenso, e eu já havia vivido várias coisas como essas antes na Guatemala, que era muito complicado, com as ditaduras de Ríos Montt e Mejía Víctores.[42]

Outro ponto a destacar diz respeito ao horizonte comparativo do jornalista por meio da recordação de sua própria bagagem profissional, que lhe permite cotejar a cobertura de Valtierra com o trabalho tímido daquele fotógrafo "novato" que não conseguiu controlar os nervos, impedindo-o de se aproximar para cobrir mais de perto a perigosa cena do enfrentamento entre as valentes mulheres e os surpresos soldados.

Os diálogos entre alguns integrantes da comunidade e os militares, em particular com o major Armenta, que constam no segundo testemunho de Balboa, são muito expressivos. Trazem uma ideia clara da visão tanto dos soldados, que justificam sua presença no lugar alegando a existência de um suposto operativo oficial de proteção aos indígenas, quanto da própria comunidade, que esclarece de maneira "firme, porém devagar" aos militares que não pediu sua presença no lugar e que seria melhor buscarem em outra região os verdadeiros responsáveis pela violência:

> Vocês disseram que iam embora e não estão cumprindo com a palavra. Aqui não estão os paramilitares. Aqui somos gente refugiada. Vão buscar os homens armados que estão matando a gente. Eles estão em outro lugar, não aqui [...] Prometeste sair hoje... Olha, segues aqui. Nós vivemos aqui. *Saiam, saiam, te digo devagarinho* [Balboa, 2018; grifo do autor].

[42] Entrevista com Juan Balboa.

Como complemento, no relato de Valtierra sobressai a capacidade de organização das comunidades e, em particular — algo que Balboa omite —, a estratégia indígena que consistiu em enviar as mulheres à frente para o terreno de conflito, já que dessa maneira seria mais difícil que fossem golpeadas ou maltratadas pelo Exército, como seguramente ocorreria caso fosse a vanguarda masculina. O fotógrafo não defende nem critica essa estratégia. Apenas a descreve e justifica com as seguintes palavras: "Por isso se usa isto". É interessante o uso do presente nessa parte da narrativa, que de maneira simbólica suprime a distância do narrador em relação aos fatos ocorridos no passado.

> As pessoas se organizam, as mulheres se organizam, e vão pedir que saiam. Gritam aos soldados, que fazem uma vala ao redor de suas coisas, e as pessoas pouco a pouco se aproximando, gritando, até que chega o momento em que estão tão próximas que começam a empurrá-los e a bater, e gritam que saiam, que não os querem... Quando eu faço fotos do acampamento e logo vamos nos aproximando para fazer fotos da gente que empurra os soldados reclamando, as mulheres vão sempre à frente, porque é mais difícil que o soldado bata em uma mulher que em um homem... *e por isso se usa isto* [...].[43]

Nessas circunstâncias, o fotógrafo descreve o contexto em que fez as fotos e destaca as difíceis condições inerentes ao fato de ser testemunha do perigoso enfrentamento e padecer sob os efeitos da atmosfera caótica do momento, cheia de empurrões, golpes e insultos por toda parte, o que dificultou bastante o registro fotográfico dos acontecimentos.

Com isso, Valtierra refuta de maneira categórica a versão de alguns dos supostos "detratores" de seu trabalho, segundo os quais o próprio autor havia fabricado e preparado toda a cena com o único objetivo de conseguir fotos espetaculares que incrementaram sua fama como fotógrafo.

---

[43] Entrevista com Pedro Valtierra (grifo do autor).

Para defender sua versão dos fatos, Valtierra reivindica em seu testemunho a necessidade de revisar os negativos de suas fotografias daquela jornada, já que o material representa, em sua opinião, a melhor prova documental para comprovar que efetivamente esteve no lugar dos fatos e que deu conta de maneira realista do enfrentamento entre os soldados e as mulheres como parte de um reflexo objetivo da realidade.

> Eu ando fazendo fotos aí, como vocês veem nos negativos, estou entre os empurrões, vendo coisas, buscando de um lado ao outro. Existe outro fotógrafo do *El Nacional* e estão os cinegrafistas de Televisa e Carlos Martínez. É difícil trabalhar em um lugar assim e mais ainda quando há violência. *Não é fácil, não está concentrado, podem pegá-lo, enfim... Conto isso porque me disseram que eu armei a foto.* Isso, dizem os detratores. Bom, vocês viram os negativos, aí estão... O que acontece é que em algum momento encontro um tronco, e fica perfeito, subo e faço a foto e fica bem, limpa, e no momento do empurrão! É muito difícil estar seguro de que fez uma boa foto, eu disparei porque via aí [através do visor] e não lembro agora com calma e tranquilidade todo o assunto...[44]

É muito interessante cotejar a versão do fotógrafo com o testemunho de Balboa, o jornalista que o viu trabalhar e que traça toda a cena que desembocou no episódio icônico que todos conhecemos: a valente ação das mulheres *tsotsiles* que de maneira inesperada saltaram sobre um dos militares que fechavam o cerco de proteção do acampamento castrense recém-instalado e o sacudiram pelos ombros:

---

[44] Entrevista com Pedro Valtierra (grifo do autor). É importante assinalar que o ponto de vista do fotógrafo se inscreve na tradição histórica predominante no século XX, assumida na versão da chamada "fotografia direta", segundo a qual o conceito de realismo permeava de maneira determinante a busca de resultados no exercício fotojornalístico. Esse tipo de argumentação, presente na análise de Valtierra, marcou uma reflexão pessoal e profissional de toda uma geração sobre a ética, a responsabilidade e o compromisso dos profissionais da lente daqueles anos acerca da maneira de realizar as coberturas jornalísticas.

> Uma mulher começou a empurrar um soldado alto, que, sem pensar, abraçou sua arma para evitar que a pegasse, pois a *tsotsil*, de baixa estatura, já tinha tentado com uma força que deixou atônito o homem, que a poucos centímetros do seu ouvido escutava o "trovão" que lhe cuspia: "Fora, Exército". Pedro caminhava ao redor do círculo formado pelas mulheres de X'oyep. Não dava descanso a suas câmeras. Descobriu a cena do militar alto e com espanto em sua cara e a mulher aguerrida com "voz de vento de furacão". Não pensou muito... [Balboa, 2018].

Para efeitos dessa investigação, considero que, longe de fabricar ou montar a cena, o fotógrafo registrou um conflito concreto entre os membros de uma comunidade indígena e o Exército mexicano. Contudo, também se deve ressaltar que a presença de Valtierra no terreno do enfrentamento é tudo menos neutra.

Nesse sentido, não se trata de um observador independente dos fatos, que registra as distintas cenas sem que os sujeitos percebam sua presença. Ao contrário, o registro profissional levado a cabo pelo fotógrafo incide diretamente no desenrolar dos acontecimentos. Assim, vale perguntar até que ponto a presença dos jornalistas, por um lado, legitimou e "empoderou" a iniciativa da comunidade, ao passo que, por outro, inibiu e freou uma possível resposta repressiva por parte do operativo militar.

O relato dos jornalistas sobre o regresso de X'oyep a San Cristóbal é muito significativo. As emoções ocupam um primeiro plano pela primeira vez no testemunho de Valtierra, que transita do medo e da ansiedade à alegria e à euforia, uma vez que sabe que, como autor, conseguiu uma "exclusiva" foto dos dramáticos fatos e está a ponto de fazê-la conhecida na imprensa.

O ponto de vista do fotógrafo prioriza, dessa maneira, as condições subjetivas, e ele as ressalta ao longo do relato, explicitando emoções e sentimentos. Outros fatores, relacionados à realidade externa, porém, são deslocados ou omitidos de seu testemunho. Isso se resume na frase "Não recordo nem o que negociaram", referindo-se à interação de Balboa e Martínez com o oficial militar responsável pela operação:

> Me deu medo porque eu estou acostumado a ver outras coisas e disse a Juan [Balboa]: "Seria bom você ir e levar os filmes, vai que de repente aparece um soldado louco, agressivo". É que a coisa estava muito feia... Os soldados estavam caindo, como estão nas fotos, tropeçando. Dei os rolos a Juan, e ele se separou... anotando a história... Eu estava muito assustado... Finalmente tudo foi se diluindo... *Não recordo nem o que negociaram*... Eu estava exaltado, porque tinha as fotos, e porque não havia nenhum fotógrafo. Todos os jornalistas gostam de ter "a exclusiva", não sejamos tontos! Então eu estava eufórico, porque tinha as fotos. Eu não sabia nada dessa foto [da mulher e do soldado] na verdade... Porém me sentia feliz e satisfeito. Assim que terminou tudo, regressamos voando a San Cristóbal...[45]

Em um sentido diferente, o relato de Balboa sobre o início do regresso de X'oyep por parte dos jornalistas não economiza nos detalhes, que têm relação com a chegada da polícia militar em apoio aos soldados. Nesse ponto, aparece outro tema: a reclamação dos militares aos jornalistas por considerar que eles eram os responsáveis por manipular os indígenas e promover a iniciativa da comunidade de avançar e cercar os soldados. Isso constitui um reconhecimento implícito do Exército de que a presença dos jornalistas teria empoderado as comunidades frente à operação militar.

Esse ponto é muito significativo e, como veremos, formará parte de uma possível linha de leitura das imagens do episódio e um aspecto relevante da polêmica e do debate em torno dessa imagem.

---

[45] Entrevista com Pedro Valtierra (grifo do autor). A anedota de um Valtierra tão concentrado em seu trabalho que não lembra "nem o que negociaram" os jornalistas e as autoridades recorda-me o episódio em que o fotógrafo Rodrigo Moya retratou Che em uma peculiar entrevista que o célebre guerrilheiro concedeu ao caricaturista Eduardo del Río, conhecido como Rius, ao jornalista Froilán Manjarrez e ao intelectual comunista Juan Duch em seu escritório no Ministério da Economia em 1964 na cidade de Havana. Rodrigo esteve com sua câmera durante as duas horas que durou aquele insólito encontro. Há alguns anos perguntei a Moya qual havia sido o tema da conversa naquela tarde em Havana, e sua resposta foi contundente: "Não sei. Eu somente estava concentrado em fazer as fotos de Che". Conversa com Rodrigo Moya, Cuernavaca, 13 ago. 2008.

A chegada da polícia militar com um chefe agressivo e fora de si acrescentou tensão e alarmou os jornalistas, que perceberam o perigo que isso implicava:

> Chega a polícia militar. Oh!, via-se que os caras estavam drogados, com seu famoso cassetete e um pau: pá, pá! E então fazem uma terceira fila, bem, na realidade a segunda, porque a comunidade vai para o lado quando vê isso, porque chegaram muito agressivos, e um helicóptero estava sobrevoando ao redor de nós, e fazem o segundo cordão e começam a gritar algo como: "A quem defendemos? Aos militares!". E então agitam o cassetete e as coisas de defesa que geram descargas elétricas quando as tocam... Então a comunidade não podia fazer mais nada e se retraiu, contudo não se foi... Nós estávamos esperando um mínimo detalhe para que começassem os golpes. Não sei o que iria acontecer... Por sorte, no helicóptero chegou um dos comandantes, que era o que estava responsável pela operação. O homem desceu, e imediatamente nos aproximamos. O que ia à frente da polícia militar nos acusava de haver organizado as pessoas para agredir os militares... Era uma figura muito agressiva, muito violenta, que causava pânico.[46]

O personagem descrito por Balboa, representante da polícia militar, um homem presumivelmente drogado, fora de si, com o rosto vermelho e espuma na boca, acusou os indígenas de covardes e exigiu falar com os líderes, impondo um novo ambiente hostil que anunciaria uma iminente agressão pelos uniformizados. Como parte dessa peculiar cena, que poderíamos descrever como inserida no mais puro surrealismo mexicano, o militar em questão, indignado pelo silêncio da comunidade diante de suas reclamações, interrogou-os, "*Do you speak english?*", e tentou ler um manual desenhado por algum assessor de inteligência militar para apaziguar os protestos sociais, o qual trazia colado em seu escudo elétrico antimotins:

---

[46] Entrevista com Juan Balboa.

> Cidadãos, venho em nome do governo legalmente estabelecido e conforme o artigo 9º constitucional convidá-los a desistir de sua atitude e se retirar pacificamente para seus lugares. Tenham certeza de que suas demandas, por condução de seus dirigentes, serão atendidas e resolvidas na totalidade, porém para isso terão que sair [Balboa, 2018].

Nesse ponto do relato de Balboa, descreve-se com detalhes a negociação dos jornalistas com um dos comandantes militares responsáveis pela operação. Essa informação explica uma das circunstâncias mais notáveis de todo o episódio: o fato de que os militares não confiscaram o material documental e fotográfico dos jornalistas. Isso se sintetiza na frase do chamado "efeito Televisa", o qual, de acordo com essa versão, impediu não apenas a possível repressão contra os indígenas, mas também o previsível confisco de todos os materiais visuais dos profissionais da lente:

> Nesse momento chega o outro tipo de helicóptero, que era um pouco mais diplomático, entre aspas, ou seja, um pouco mais acessível, e se viu que aí estava a Televisa. Isso mudou o panorama. Se a Televisa não tivesse ido, tenho certeza, algo mais aconteceria: nos tiram o filme, a câmera, ou não sei o que teria acontecido... Nós nos aproximamos desde o início do militar, ou seja, ele não foi a nós, mas nós nos dirigimos a ele. Nisso, ele ficou mais tranquilo, e já quando nos apresentamos como representantes de Televisa, *La Jornada*, *Reforma*, isso o impressionou muito... É que viu que não éramos somente um grupo de jornalistas independentes, ou apenas de *La Jornada*, mas também de *Reforma* e Televisa. Então, viu que se tratava de um *pull* de jornalistas, e não era tão fácil acusá-los... Isso foi o que nos salvou de termos tanto os rolos fotográficos quanto os cassetes apreendidos... Quando conversamos com ele, sob tensão, vimos a oportunidade de sair... Nos despedimos de todos e começamos a caminhar... Ainda caminhando, dizíamos: "Vigiem atrás, vejam adiante. Não vão nos encurralar e nos agredir". Íamos ainda um pouco tensos... quando chegamos no jipe, embaixo, ufa! Foi quando dissemos: "Já fizemos!" [Balboa, 2018].

A informação apresentada é muito relevante, pois confirma, em nível testemunhal, a influência dos meios de comunicação sobre os acontecimentos, conforme já discuti nestas páginas. O relato de Balboa centra-se na percepção do comandante responsável pela operação. Por extensão, parte desse raciocínio poderia ser aplicada ao restante dos soldados. Seu comportamento de contenção diante do protesto da comunidade assim o sugere.

No registro fotográfico dos acontecimentos, produziu-se outro elemento fundamental para entender a complexidade da história por trás dessa fotografia. Valtierra combinou o uso de alguns rolos em cores, pensados para sua revista *Cuartoscuro*, com outros em preto e branco, planejados para *La Jornada*. Já em San Cristóbal de las Casas, o fotógrafo encarregou a revelação dos filmes PB a seu colega José Carlo González, no pequeno quarto escuro que este improvisara no Hotel Casavieja, onde se hospedavam; enquanto isso, foi pessoalmente a um laboratório profissional para revelar as imagens coloridas.

Com o material pronto e exposto na clássica mesinha de luz do laboratório, Valtierra escolheu algumas fotos. O relato do fotógrafo se detém nos detalhes do processo de revelação e acrescenta dados pertinentes para conhecer a decisão pessoal de enviar uma das fotografias coloridas — tomada em negativo Kodak ISO 100 — ao jornal *La Jornada*, ao perceber as vastas possibilidades midiáticas da foto em questão e imaginar, com base na própria experiência como editor, que o periódico publicaria a imagem na primeira página e a projetaria em nível internacional.

> Ninguém mais que *El Nacional* e nós tinha as fotos, e, ao revelar e mandar as fotos, já era noite... Tínhamos que revelar... Não era como agora nesta etapa digital, tinha que revelar e esperar que secasse... José Carlo era meu assistente, eu o levava para que fizesse coisas perto de San Cristóbal e quando eu chegasse deveria estar tudo pronto para revelar bem... Enquanto José Carlo revelava, fui deixar os filmes em cores no laboratório. Por isso estão cortados de quatro em quatro e eram os do *Cuartoscuro*. Onde estava a foto de X'oyep corresponde à câmera de

> *Cuartoscuro*. Me dão o filme e vejo as fotos na mesa de luz e vejo esta foto de X'oyep... Vejo... Gosto, ficou bem, e limpinha. Evidentemente, a foto é horizontal e para dentro [do jornal] fica perfeita, porém para a primeira página, não. De todo modo, eu a mandei, e disse a José Carlo: "Esta, manda para *La Jornada*, não para *Cuartoscuro*".[47]

O testemunho é muito importante. Deve-se levar em consideração que a decisão tomada por Valtierra de enviar a foto em questão para *La Jornada*, e não para sua própria revista, como previsto originalmente, teria grande repercussão na história e no destino da imagem e estabeleceria as bases para sua transformação em ícone.

O olhar de editor do fotógrafo, construído ao longo de décadas de trabalho em vários meios de comunicação, é o que explica a decisão de enviar a imagem ao jornal, ao pré-visualizar o desdobramento que ela poderia ter nas páginas jornalísticas e seu impacto em distintos setores.

É interessante recordar que existe um longo caminho profissional entre o início de Valtierra em *El Sol de México*, no final dos anos 1970, e a coordenação editorial do departamento de fotografia de *La Jornada*, em 1998. O aprendizado do desdobramento editorial de algumas de suas fotos na Nicarágua realizadas em 1979 nas primeiras páginas de *unomásuno*, a edição posterior de um livro sobre o tema e a curadoria de diversas reportagens nacionais e internacionais para galerias e museus, a coordenação editorial das sequências do terremoto na década de 1980 obtidas por seus colegas para *La Jornada*, assim como o trabalho cotidiano de vários anos na revista e na agência *Cuartoscuro*, na década de 1990, constituem algumas das experiências que respaldam e justificam a decisão editorial de enviar a foto mais bem-sucedida da cobertura de X'oyep para *La Jornada*, sacrificando o enquadramento horizontal e a foto em cores pela previsível divulgação da imagem na posição vertical na primeira página do jornal.

---

[47] Entrevista com Pedro Valtierra.

A participação de Carmen Lira, a diretora de *La Jornada*, também desempenhou papel muito importante na decisão editorial de enviar a foto para a primeira página. O enorme impacto pessoal e profissional que a imagem produziu em Lira como mulher e jornalista é recriado da seguinte maneira por Balboa:

> Recordo que estava escrevendo na minha casa em San Cristóbal de las Casas, e Pedro me telefonou: "Não sabe o que ocorreu?". Eu disse: "O quê?". Ele respondeu: "Mandei as fotos para Carmen Lira e ela me telefonou chorando"... "Como?", eu disse. "Sim, Juan", acrescentou Valtierra, "as fotos estão esplêndidas. É um material de primeira e Carmen chorava, porque a fascinou. Viu tanta força na foto e está tão agressiva visualmente que a impactou muito..."[48]

O jornalista dá seu testemunho da conversa com o fotógrafo, em que se destaca o fato incomum de a diretora de um jornal se comover até as lágrimas pelo poder contundente de uma imagem. Nesse sentido, pode-se dizer que a primeira recepção da fotografia foi de Carmen, que ordenou publicar a foto no melhor espaço possível do jornal para projetá-la politicamente como parte da disputa simbólica entre o governo do presidente Ernesto Zedillo e as comunidades indígenas zapatistas, reivindicando a força e o protagonismo das mulheres.

A decisão repercutiu no futuro da imagem. O olhar editorial de Carmen Lira contribuiu para que a divulgação da fotografia das mulheres de X'oyep desse um salto qualitativo no terreno da percepção pública. O restante do processo e a trajetória crítica da foto, como veremos, estão relacionados com seus distintos usos e leituras por parte de uma diversidade de setores políticos e sociais.

A publicação na primeira página de *La Jornada* ocorreu no dia seguinte ao episódio. Os efeitos positivos foram imediatos na vida

---

[48] Entrevista com Juan Balboa.

do fotógrafo e desde aquele momento atravessaram sua trajetória e a projetaram pela trilha da fama.

Em seu relato, Valtierra descreve as reações dos colegas, no dia seguinte, em San Cristóbal, a conversa telefônica com Lira e a interação com outros jornalistas na Cidade do México, quando a publicação da foto já era um acontecimento jornalístico.

Entre outros aspectos, destaca-se o caráter confessional dessa parte do testemunho, em que o fotógrafo reconhece que a foto foi produzida em um período no qual ele não estava em seu melhor momento pessoal e profissional. A revelação, realizada mais de uma década depois do acontecimento, confere ainda maior importância à fotografia, que não apenas define uma etapa relevante do fotojornalismo, mas também cruza a própria biografia do autor.

> Mandei a foto, fomos dormir e no dia seguinte me levantei por volta das oito da manhã e me sentia estranho. Senti logo, logo o ambiente. Sempre gostei de tomar café da manhã sozinho, para ler o jornal... Chegou [o fotógrafo] Julio Candelaria, do *Reforma*, e chegaram outros, e eu senti que algo de estranho ocorria... Os olhares, o clima... Julio se aproxima e me diz: "Você ferrou a gente...". "Por quê?", lhe perguntei. Eu já sabia que iam publicar a foto, mas não sabia como... Carmen Lira telefonou e chorou comigo... "Esta foto..." Eu senti que embargou a voz e disse "Ai, cara", ela ficou tocada... E me disse Julio: "Você ferrou a gente; acabaram de reclamar comigo no jornal...".
>
> E enviam por fax as primeiras páginas e vejo a foto grande, tal como está publicada, e senti logo, logo que a foto já era outra coisa... No dia seguinte, David Brooks, o correspondente de *La Jornada*, me contou que a foto havia encabeçado uma passeata de apoio aos zapatistas em Nova York... Eu senti que nesse momento algo havia ocorrido em minha vida... *porque devo dizer que não estava muito bem profissionalmente. Quer dizer, era chefe, um privilegiado, mas fotograficamente não me sentia bem... isso — aqui entre nós — não andava dizendo, porém me sentia em crise...* E, quando regressei ao México, foi impressionante. Fui em uma passeata e encontrei o fotógrafo Carlos Jurado, e muita gente, e não me deixavam trabalhar. O fotógrafo deve

trabalhar sem que as pessoas o perturbem e senti isso. Isso aconteceu com a foto de X'oyep.[49]

Até aqui estão os relatos de Pedro Valtierra e Juan Balboa, testemunhas e protagonistas dos fatos. Como visto, os testemunhos de ambos os personagens estão produzidos desde as coordenadas de um presente construído 15 anos depois dos eventos, e nisso está precisamente a contribuição para esta investigação.

Nesse sentido, e levando em consideração essa circunstância, pode-se considerar que as narrativas se complementam e proporcionam pistas para a leitura das imagens. Entre elas se destacam as seguintes: as difíceis condições nas quais foram realizadas as fotografias e sua conotação acerca das distintas lógicas de trabalho; a bagagem profissional do fotógrafo e o acesso prévio a uma rede de contatos, o que explica sua oportuna presença no campo dos acontecimentos; o vínculo ambíguo com a comunidade e a mútua utilização das partes para a realização de seus respectivos objetivos, isto é, a reivindicação política da luta indígena contra o Exército, no caso das comunidades, e a obtenção da notícia e da imagem exclusivas, no caso dos jornalistas; a inibição e a contenção do possível efeito repressivo da operação militar devido ao resguardo e à proteção midiática dos jornalistas como testemunhas privilegiadas; e as mudanças internas na vida e na trajetória do fotógrafo, que afetaram seu trabalho como autor de uma fotografia famosa, e a reconstrução de seu olhar. Ao final, porém não menos importante, cabe destacar o trabalho de reinvenção da imagem por parte dos editores, primeiro do coordenador do departamento de fotografia e depois da própria diretora do jornal, que a reenquadraram e a posicionaram na primeira página com uma orientação que proporcionou a produção de um relato, publicando-a em grandes dimensões, abrindo com isso um enorme horizonte para sua divulgação massiva.

[49] Entrevista com Pedro Valtierra (grifo do autor).

Vale frisar que todos esses argumentos foram produzidos a partir dos testemunhos elaborados 15 anos após os acontecimentos. Por tudo isso, a avaliação crítica dos relatos, que revivem as circunstâncias dos fatos a partir da perspectiva do triunfo da imagem que se tornou um referente icônico de um movimento, ocupa um lugar fundamental na análise que proponho sobre a fotografia de Valtierra.

3. A construção de uma imagem

Até aqui documentei o trajeto da famosa fotografia, desde as condições de sua produção, as fotos que conformam o processo e a busca documental de Valtierra até a seleção final do próprio autor e o trabalho de edição, tudo que constitui o complexo processo de construção de uma imagem poderosa que afetou a opinião pública de maneira imediata e que gradualmente se tornou um dos ícones mais representativos do zapatismo.

Deve-se registrar que de nenhuma maneira é frequente uma investigação ter acesso aos negativos do autor. Com eles, tem-se a oportunidade de conhecer uma primeira narrativa do fotógrafo, a busca documental e jornalística do autor e explorar a lógica de trabalho com a qual resolveu visualmente os desafios que enfrentou naquela difícil jornada.

A oportunidade de ver a folha de contatos com os negativos positivados implica estabelecer um processo de empatia com o autor das imagens, acompanhar o fotógrafo por seus caminhos, analisar seus êxitos estéticos, explorar seus possíveis erros na composição de sua obra, elucidar seus frequentes lapsos e, seguindo Cartier-Bresson, descobrir inclusive suas fantasias mais íntimas (Lubben, 2011).

Como já mencionado, Valtierra fez fotografias em preto e branco de 35 mm para o jornal *La Jornada* e outros filmes coloridos que pensava enviar à agência *Cuartoscuro*. Posteriormente, mudou de ideia no caso da foto afortunada, pois privilegiou sua circulação no terreno midiático, o que é um fator determinante para compreender a difusão da imagem.

Ressalte-se que ambos os momentos fazem parte do mesmo processo de captura em que o fotógrafo foi encontrando seu lugar de observação e, com isso, os enquadramentos compositivos e o perfil estratégico do olhar com o qual enfrentou o dramático episódio que se desenrolava diante de seus olhos.

A folha colorida, na qual está o primeiro bloco de sequências fotográficas, compreende duas etapas. Na primeira, observa-se os militares instalando o acampamento, momentos antes do confronto entre soldados e indígenas; na segunda, identifica-se a presença das mulheres e dos soldados em duas filas perfeitamente diferenciadas, em que os personagens no início se observam mutuamente e depois começam a se empurrar.

As primeiras quatro imagens foram feitas em planos inteiros, que registram a instalação do acampamento pelos soldados. Em tal circunstância, a chegada da população surpreende os militares na sequência seguinte, e pouco a pouco a presença das mulheres começa a se posicionar nas imagens.

Os planos gerais, com inclinações de baixo para cima, com os quais inicia Valtierra, uma vez formado o cordão das mulheres, oferecem uma perspectiva mais aberta às primeiras aproximações entre os soldados e a comunidade.

Nessa ordem visual, vão ficando frente a frente ambos os grupos a partir do último terço da folha, onde começa a aumentar a intensidade do enfrentamento e se formar o cenário mais conhecido sobre os fatos. Isso pode ser apreciado na sequência dos negativos de número 17 a 24, que corresponde às duas últimas tiras de imagens e que pode se observar na parte inferior da folha.

A respeito da foto icônica, vale destacar o lugar de onde Valtierra conseguiu captar a eloquente imagem, com um enquadramento horizontal panorâmico e um plano americano em que apenas o soldado e a mulher protagonizam a cena.

As tomadas 23 e 24 da folha de contatos possuem uma interessante carga estética, em que tanto o militar quanto a indígena adquirem o caráter de protagonistas. Não há lugar para nenhuma contaminação visual, apesar da rapidez com que se capturou a cena e do conflito e mobilidade natural do restante dos sujeitos.

Imagem 19
Folha de contatos: mulheres e soldados em X'oyep (3 jan. 1998)

Fonte: arquivo fotográfico de Pedro Valtierra.

O soldado resistindo à agressão da mulher que o agarrou pela alça da mochila ocupa com grande força o centro da imagem, e a posição da mulher, que traça uma diagonal até ele, imprime movimento à cena e uma poderosa carga estética a toda a composição.

Assim também se podem ver os braços de uma segunda mulher que agarra o soldado pelo pescoço, o que se reflete no gesto de surpresa do militar e no fato de sua boca permanecer semiaberta, como resposta à sensação de asfixia experimentada naquele momento. Um enorme fuzil FAL calibre 7.62 mm, quase do tamanho da indígena, se posiciona também em diagonal desde a axila direita do militar até a parte inferior da cintura das mulheres.[50]

Tudo isso imprime uma carga muito impactante a essa fotografia para identificá-la no terreno das relações de poder com ressonâncias de gênero e interseccionalidade. Uma leitura psicanalítica poderia desenvolver uma argumentação sobre esse ponto e seria muito pertinente. Neste espaço, e pela orientação e perfil desta investigação, limito-me a analisar a evidente assimetria de poder entre o soldado e a mulher, assim como as conotações políticas do caso. A diferença de estatura entre ambos os personagens é notável e constitui um dos elementos compositivos mais potentes da imagem. A assimetria é muito significativa para dizer da diferença de forças entre os grupos e sublinha o valor da iniciativa e o enorme atrevimento por parte das mulheres (Juárez, Raesfeld e González, 2021:17-32).

Outro aspecto importante é a vestimenta tradicional das mulheres *tsotsiles*, o que marca uma diferença em relação às roupas mais urbanas da imagem que corresponde ao protesto das mulheres *tojolabales* em Yalchiptic. Em uma divulgação nacional e internacional da imagem, esse elemento ganhou relevância para o reconhecimento e a projeção da luta global indígena a partir da identificação de seus traços culturais particulares expressados em sua cultura material, respaldada por uma iconografia visual expressa em pinturas, gravuras, litografias e imagens fotográficas e cinematográficas em um processo histórico de longa duração configurado no decorrer de vários séculos.

[50] O fuzil automático ligeiro, de origem francesa, tem tido amplo uso nas últimas décadas em alguns países da América Central e na guerra contra o narcotráfico no México. É uma arma de combate de carga e disparo automático. Foi projetada pela indústria de armamentos belga FN Herstal.

A retórica do restante dos personagens também é significativa. O dramatismo dos dois protagonistas fica matizado pela cara sorridente dos personagens secundários nessa narrativa visual: o jovem soldado, com boné, que sustenta o militar por baixo de seu braço, e a mulher que ataca o outro soldado, situada junto ao braço direito da indígena que agarra o pescoço do militar. São sorrisos nervosos, reações um pouco grotescas, flagradas de maneira um tanto involuntária, no calor do enfrentamento físico.

O sorriso da mulher localizada na extremidade direita da imagem pode oferecer todo tipo de leituras e interpretações. Em particular, descarto a possível desqualificação prematura da cena, produto de uma leitura rápida e superficial, e fico com o conceito de alteridade que permite repensar o significado do riso em culturas distintas e sua variedade de opções e possibilidades.

Como um expressivo exercício de contraste, podemos cotejar o riso da mulher de X'oyep com o sorriso de outra mulher indígena próxima ao primeiro círculo zapatista da Revolução Mexicana: uma anciã captada pela lente atribuída até há pouco tempo a Hugo Brehme no retrato oficial dos irmãos Eufemio e Emiliano Zapata com suas esposas, realizado em maio de 1911, em um dos pátios do Hotel Moctezuma, na cidade de Cuernavaca, ao sul da capital. A enigmática mulher ocupa um lugar marginal na imagem e aparece fora do enquadramento "importante" centrado nos casais. Contudo, sua atitude descontraída chamou a atenção dos leitores dessa imagem ao longo de várias décadas. É um riso casual, descontraído ou irônico? Em todo caso, pode-se ler como uma marca lateral, uma pista marginal, que permitiria configurar uma leitura distinta de toda a cena.[51]

O investigador Ariel Arnal (2010:132) empreende uma reviravolta interessante na análise dessa imagem e apresenta uma sugestiva leitura de gênero que permite repensá-la nos seguintes termos:

---

[51] Sigo aqui os indícios e as valiosas trilhas apresentadas pelo historiador Carlo Ginzburg (1983:43-51) para repensar esse tipo de elemento e chegar a conclusões a partir da periferia, isto é, das marcas laterais da abordagem central.

O sorriso franco (quase gargalhada) da mulher sentada no marco esquerdo do quadro permite intuir o diálogo prévio (talvez uma zombaria) entre essas duas últimas mulheres. Ao mesmo tempo, o riso dela — a única pessoa em todo o quadro que se livrou definitivamente do controle do fotógrafo e, portanto, do diálogo imposto com a presença da câmera — enfatiza a sensação de insegurança na pose fotográfica dos dois personagens principais do tema: o retrato dos irmãos Eufemio e Emiliano Zapata. É por tudo isso que considero que essa fotografia em particular é, paradoxalmente, uma imagem de reivindicação feminina antes de ser uma fotografia de política masculina.

Imagem 20
Os irmãos Emiliano e Eufemio Zapata com suas esposas (Cuernavaca, 26 maio 1911). Foto atribuída a Hugo Brehme

Fonte: Fundo Casasola; reprodução autorizada pelo Instituto Nacional de Antropologia e História (INAH).

Regressando a Chiapas, no fundo da cena principal de X'oyep prevalece um aparente caos formado por capacetes militares e pequenos rostos das mulheres e alguns homens que se consegue perceber na distância.

Um olhar mais atento descobre que, por trás da aparente desordem, o que na realidade existe é uma forma oval muito bem estruturada pelos militares para defender seus escassos pertences e salvar o acampamento recém-instalado, questão que é reforçada pelo testemunho de Balboa.

O traço geométrico da formação oval dos militares confere ao mesmo tempo um movimento e certa precisão ao enquadramento do fotógrafo; contribui de maneira decisiva para o isolamento dos personagens que aparecem no primeiro plano, preservando-os da possível contaminação visual imposta pelo contato com os outros, e com isso destaca a ação dos dois personagens principais da cena. A nebulosa presença da vegetação, despontando atrás, recorda que a ação transcorre em algum lugar da majestosa serra Madre del Sur, muito próxima da Guatemala.

Imagem 21
As mulheres de X'oyep (3 jan. 1998)

Fonte: arquivo fotográfico de Pedro Valtierra.

Na sequência, vê-se uma folha com os negativos de um dos rolos de filme preto e branco, que plasmam um momento posterior à feitura da célebre fotografia. Diferentemente da colorida, em que se distinguem claramente dois momentos, na folha em preto e branco há uma narrativa mais homogênea, que remete a uma mesma lógica discursiva em torno do enfrentamento entre os soldados e a comunidade.

Nessa folha, observam-se algumas tomadas fechadas que deixaram registrado o iminente toque entre as forças militares e as mulheres indígenas, capturadas a pouquíssima distância. No plano médio em que foram produzidas as primeiras fotografias, identifica-se a proximidade do fotógrafo, que passou quase a integrar a cena que se desenvolvia à sua frente.

Seguindo a numeração marcada na parte superior de cada um dos negativos, pode-se apreciar, nos últimos quadros da folha, o clímax a que levou o confronto com os soldados, que prendem algumas das indígenas para conter suas investidas.[52]

A aparição do microfone do operador da Televisa nos negativos 14 e 15, fator tão citado no testemunho de Balboa, serve para situar melhor o espectador nos acontecimentos. A sequência documenta a intervenção dos meios de comunicação dentro do protesto e sugere que a presença dos jornalistas, fotógrafos e cinegrafistas ajudou a consolidar uma atitude defensiva e de mesura por parte das forças militares ante as mulheres.

A partir do negativo 17, percebe-se uma diminuição na intensidade da violência exibida nas primeiras imagens. A ligeira inclinação da câmera, com um ângulo de baixo para cima, e os planos gerais servem para mostrar a calma que começa a se impor de maneira paulatina.

Os ânimos parecem já estar mais tranquilos e a folha culmina com o negativo 26, no qual se mostra uma saída muito pacífica e ordenada por parte dos soldados.

---

[52] Essa folha pode ser lida de maneira sequencial do número 1 ao 11. A outra sequência colorida deve ser lida de baixo para cima, já que a última tira corresponde ao número 12 em diante. É uma "falha de origem", já que a desordem se encontra na própria folha de negativos do fotógrafo.

É interessante documentar esse percurso visual e analisar o processo por meio do qual uma seleção dos negativos desemboca em uma única fotografia, que sintetiza toda a busca documental e estética do fotógrafo. Com isso, fica clara a inexistência do chamado "instante decisivo" bressoniano, desligado do resto das imagens; pelo contrário, ressalta-se a importância das análises do processo geral que resulta em imagens bem-sucedidas.[53]

Assim, o que se observa nesse caso é a importância de registrar todo o processo e a permanente busca documental do fotógrafo, fruto de muitos anos de exercício profissional, acrescido, seguramente, de uma decisão política e editorial que privilegia o momento de enfrentamento, como veremos.

Cabe destacar três imagens que dialogam com a foto afortunada e que marcam diferentes momentos próximos a ela.

A primeira foi tomada minutos antes. Os dois grupos já ocupam suas posições e se entrelaçam as mãos, frente a frente. Na parte direita, as mulheres ocupam quase dois terços do enquadramento e parecem mais concentradas nelas mesmas, virando-se para se ver, como se preparando para a ação, enquanto à esquerda se observa a linha traçada pelos soldados, que também parecem mais concentrados em si mesmos do que em seus rivais. O cenário registrado no rolo de filme colorido está perfeitamente traçado para o confronto que ocorrerá em alguns instantes entre as mulheres e os soldados.

Em uma segunda imagem, em preto e branco, os integrantes da comunidade, na qual se destacam alguns homens adultos e várias crianças, aparecem na margem esquerda e os militares ocupam a direita. O fotógrafo se deslocou ao outro extremo para captar outros ângulos de uma luta que já havia começado. Um dos militares sobressai em um primeiro plano com o rosto de lado e olhando para baixo. O rosto

---

53 Henri Cartier-Bresson, um dos fotógrafos mais influentes do século XX, refletiu sobre o papel do fotógrafo como um suposto caçador de imagens, que devia permanecer despercebido ante os acontecimentos que tentava registrar. No ensaio "O instante decisivo" (1999), essas premissas se converteram no paradigma mais importante para os fotógrafos em meados do século XX.

Imagem 22

Folha de contatos: mulheres e soldados em X'oyep (3 jan. 1998)

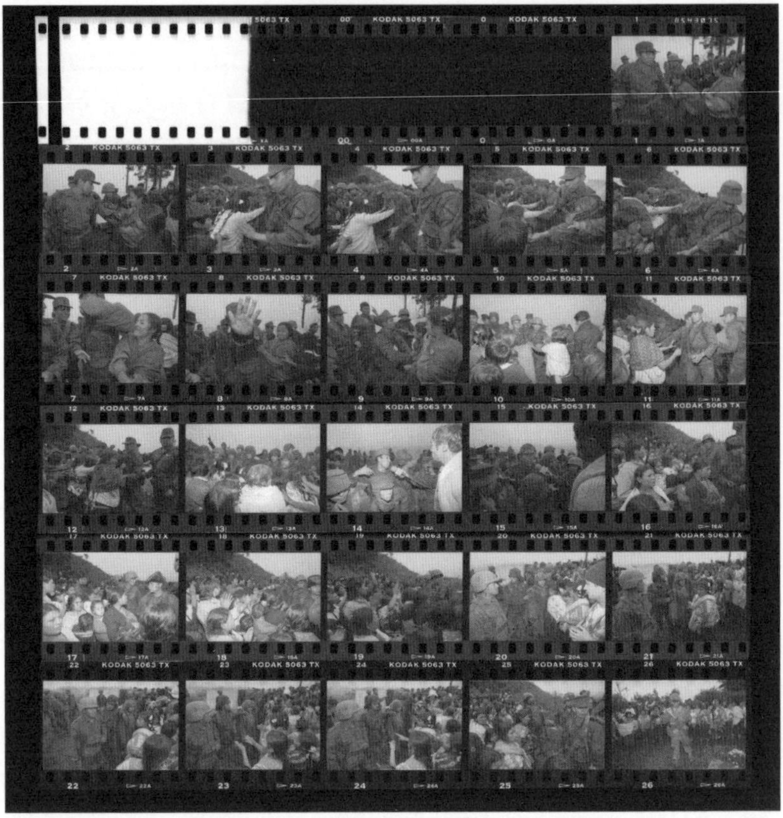

Fonte: arquivo fotográfico de Pedro Valtierra.

não importa, apenas se percebe. O relevante está no conflito corpo a corpo que os dois grupos encenam, como uma cena de luta livre na qual os participantes começam por se empurrar para medir suas forças.

A terceira imagem foi realizada de frente e também pertence ao rolo de filme preto e branco. O protagonista é um menino cujo rosto desencaixado surge por baixo das mãos entrelaçadas de dois soldados, em uma espécie de cadeia que a criança trata de romper. Toda a cena possui uma carga documental e estética de primeira ordem e mostra a enorme mobilidade do fotógrafo para traçar distintos ângulos e pontos de vista sobre o enfrentamento.

Imagens 23 a 25
Cenas do enfrentamento em X'oyep (3 jan. 1998)

Fonte: arquivo fotográfico de Pedro Valtierra.

O fotógrafo Fabrizio León foi o encarregado de receber a imagem na redação de *La Jornada* e de propor seu reenquadramento vertical para Carmen Lira, a diretora, para publicação no dia seguinte na primeira página. Com tal determinação, o foco de atenção centra-se na dupla militar e mulher, em particular na expressão de surpresa do soldado, que olha fixamente a indígena com a boca semiaberta.

Fabrizio se iniciou profissionalmente na metade da década de 1980 na agência *Cuartoscuro* e, com o próprio Valtierra, em *La Jornada*. Em janeiro de 1998, era chefe do departamento de fotografia do jornal. Foi no sábado 3 daquele mês que ele recebeu a fotografia escaneada e enviada por Valtierra; de imediato, deu-se conta da transcendência da imagem e de seu valor estético e documental.

Dada a urgência, León se reuniu com Carmen Lira e juntos decidiram rapidamente a publicação da foto na primeira página do dia seguinte. Como chefe do departamento de fotografia, o editor explorou diversas soluções para a publicação da imagem, inclusive contemplando a possibilidade de abarcar de maneira conjunta a primeira e a última páginas. Ao final, porém, por questões técnicas e decisão da própria diretora, aprovou-se publicar a foto em quatro colunas na primeira página.

Dois anos antes, os papéis estavam invertidos. Valtierra, que era o editor no escritório do diário na Cidade do México, recebeu na redação de *La Jornada* uma foto de autoria de Fabrizio, que, cobrindo as notícias em Chiapas, havia registrado a repressão policial naquele estado contra uma manifestação de professores. Era outra foto de forte contundência visual, que a dupla Valtierra-León decidiu posicionar em grandes dimensões na primeira página do jornal.

Pelo já dito, considero que a comunicação profissional, editorial e pessoal entre os dois fotógrafos, construída ao longo de uma década, pesou de maneira definitiva para que a divulgação jornalística dessa imagem se realizasse nas melhores condições possíveis e contribuiu para a construção de uma primeira plataforma midiática para a foto, o que foi fundamental para sua promoção e posterior difusão.[54]

---

[54] Entrevista com Fabrizio León realizada por Alberto del Castillo, *La Jornada*, 11 jul. 2012.

Na nova versão publicada das mulheres de X'oyep, incrementa-se o histrionismo dos personagens como atores principais e perde-se uma parte da informação visual em torno do acampamento e do restante dos atores sociais. Dessa maneira se privilegiou o dramatismo da cena e com ele se conseguiu um efeito espetacular, plenamente justificado para alcançar maior contundência na linguagem fotojornalística.

Com o novo enquadramento, a figura do soldado adquire maior movimento. Inclusive se produz um efeito visual muito particular, em que o personagem parece estar a ponto de sair do marco da fotografia, impulsionado pelos braços das duas indígenas, como acertadamente afirmou a historiadora Rebeca Monroy.[55]

Outro ponto a se destacar consiste na mudança da fotografia original de colorida para PB. A informação visual sobre o colorido da vestimenta da indígena foi sacrificada para fortalecer uma versão que se encontra de maneira mais direta com a tradição fotojornalística mexicana do século XX e que pressupõe maior prestígio e incremento na seriedade e verossimilhança na linguagem em preto e branco ainda dominante nos jornais daqueles anos.

A publicação da foto em quatro colunas no jornal deu-se em 4 de janeiro de 1998 em âmbito nacional e teve repercussão internacional, na medida em que se fizeram evidentes a qualidade e a oportunidade noticiosa da imagem.

A manchete afirmava: "Resistência indígena às incursões militares. Entram soldados em 'La Realidad' pela primeira vez desde 95". O rodapé da foto delimita a leitura da seguinte maneira: "Elas, pequenas, diminutas, armadas com esses braços, detiveram-nos em X'oyep", o que marca uma primeira interpretação da imagem pelo próprio jornal.[56]

Assim *La Jornada* sintetiza a mensagem medular da imagem para sua circulação, segundo a qual o tema principal consistia no registro da resistência das "diminutas" mulheres indígenas como sujeitos

---

55 Entrevista com Rebeca Monroy realizada por Alberto del Castillo e Mónica Morales, TV Unam, 6 maio 2012.

56 La Realidad é um dos cinco territórios fundados em 1995 pelos zapatistas como espaços de diálogo com a sociedade civil.

ativos diante da opressão do gigante castrense. Constrói-se desde as primeiras páginas do diário uma versão moderna do mito bíblico de Davi contra Golias.

Essa é a premissa que deu lugar a uma série de leituras e interpretações da imagem que, em termos gerais, retomaram esses parâmetros e representam a opinião dominante em torno da foto até hoje. É uma leitura política com uma série de conotações éticas.

Não deixa de ser irônico que na coluna superior direita da primeira página outra fotografia de menor tamanho estabeleça um diálogo visual com a imagem das mulheres de X'oyep. Vê-se a figura diminuta de três destacados representantes da classe política mexicana. A diferença de tamanho produzida pela editoração tem conotação relevante, ao sugerir que os políticos nacionais não estavam à altura da luta que as comunidades indígenas sustentavam naquele fim de século. Trata-se do presidente Ernesto Zedillo, ladeado por Emilio Chuayffet, que deixava a Secretaria de *Gobernación*, e Francisco Labastida, que a assumia. Esse tema é relevante porque a razão principal da saída de Chuayffet foi a resposta governamental à enorme pressão nacional e internacional gerada pela impunidade dos responsáveis pela matança de Acteal.

A renúncia forçada do secretário de *Gobernación*, devido às repercussões do massacre, confirma as implicações políticas do episódio, assim como a responsabilidade do representante da ordem interna e do próprio presidente no assunto. A versão oficial do governo Zedillo sempre buscou ocultar as causas do episódio e fazer do conflito o resultado de uma disputa interna entre as comunidades por recursos materiais.[57]

Esse é um assunto de grande atualidade, uma vez que um grupo de familiares das vítimas de Acteal acusou em 2012 o ex-presidente Zedillo, diante de uma corte nos Estados Unidos, de ter responsabi-

---

[57] Essa é a explicação do procurador Jorge Madrazo, registrada no "livro branco" da PGR, segundo a qual duas comunidades disputavam a propriedade de um banco de areia no município de Chenalhó. A versão foi difundida por toda a imprensa da capital do país nos dias posteriores à matança.

lidade no massacre. O presidente Felipe Calderón pediu ao governo dos Estados Unidos que lhe concedesse imunidade, preocupado com a possibilidade de sofrer uma situação análoga, porém em relação às denúncias dos familiares das vítimas da cruzada contra o narcotráfico que deixou um resultado trágico de 70 mil mortos e 30 mil desaparecidos durante sua gestão entre 2006 e 2012.

Por outro lado, também é significativo que esse episódio tenha marcado o início da campanha de Francisco Labastida para a Presidência da República, candidato do partido oficial apenas dois anos depois, em 2000. Trata-se de um labirinto político que dá uma ideia da importância que o conflito zapatista chegou a ter no debate nacional e nas decisões da cúpula no poder.

Entretanto, a diferença mais importante dessa segunda foto está no quadro de Benito Juárez dominando a cena. A representação oficial do indigenismo, encarnada no retrato convencional do presidente Juárez, figura central da história moderna do país e reivindicada durante décadas pelos regimes priístas emanados da Revolução, opõe-se radicalmente a essa nova versão do indigenismo independente que, na versão de Valtierra, põe em xeque a retórica do presidencialismo mexicano de finais do século XX.[58]

Juárez, protótipo do índio moderno que abraçou a ideologia liberal, atuou ao longo de sua trajetória política de acordo com os parâmetros civilizatórios do Ocidente. A aparência serena e inabalável do retrato oficial do prócer convertido em estátua de bronze não tem nada a ver com o comportamento beligerante das indígenas rebeldes que defendem sua cultura e seus direitos ante a imposição do governo crioulo de Zedillo, fiel representante dos preceitos do

---

58 Benito Juárez (1806-1872) é considerado o presidente mais importante da história moderna do México. Indígena *zapoteco*, formou-se dentro da ideologia liberal na primeira metade do século XIX, enfrentou e derrotou o império de Maximiliano de Habsburgo, cujo fuzilamento ordenou em 1867. É o protagonista de uma série de medidas que deram origem ao Estado moderno no México, como a divisão entre Estado laico e Igreja Católica e a execução das Leis de Reforma. A partir da Revolução Mexicana (1910-1917), encarna o indigenismo oficial impulsionado pelos novos governos e pelo Estado autoritário que governou o país durante todo o século XX.

neoliberalismo imperante no fim do século passado no México e na América Latina.[59]

Imagem 26
Capa de *La Jornada* (4 jan. 1998)

La Jornada

DIRECTOR FUNDADOR: CARLOS PAYAN VELVER ■ DIRECTORA GENERAL: CARMEN LIRA SAADE ■ MEXICO, D.F. AÑO CATORCE ■ NUMERO 4786

■ Entran soldados en La Realidad por primera vez desde 95

HOY DOMINGO 4 DE ENERO DE 1998

Rechazo indígena a incursiones militares

...pequeñas, diminutas, armadas con esos brazos, con esas manos, los detuvieron en X'oyep ■ Foto: Pedro Valtierra

El presidente Ernesto Zedillo dio posesión a Francisco Labastida Ochoa en remplazo de Emilio Chuayffet, quien pidió ser relevado

■ **Labastida, a la SG; el Estado, obligado a "detener esta lucha fratricida", advierte**

■ **Culpa el Ejército a Conai y ONG de rumor de bombardeo; nuestras fuentes, Gobernación, PGR y Cocopa: Ituarte**

■ **EZLN: comenzó la persecución de zapatistas** ■ 3 a 11

■ Antonio García de León ■
La nueva ofensiva
Página 4

■ Adolfo Gilly ■
Mujeres
Página 8

■ Octavio Rodríguez Araujo ■
La responsabilidad del Presidente
Página 7

■ Carlos Montemayor ■
Chiapas y la Secretaría de Gobernación
Página 5

$ 5.00

Fonte: Biblioteca Miguel Lerdo de Tejada, Secretaria de Fazenda e Contas Públicas (SHCP).

[59] Uma revisão histórica das práticas políticas e econômicas liberais do presidente Juaréz — e sua oposição ao comportamento e às práticas coletivas das comunidades indígenas no século XIX — pode ser vista em Lira (1983).

Entre o conjunto de negativos e a fotografia única publicada na primeira página do jornal, que posicionou a presença da comunidade indígena na opinião pública, produziu-se o processo histórico descrito nessas páginas. Nesse sentido, a publicação da foto não se limita à tradução em imagens de uma informação jornalística, mas contribui para a construção de um relato e gera o início de uma iconografia sempre sujeita ao debate.

Uma vez traçadas algumas das coordenadas mais relevantes sobre o processo de construção dessa imagem, revisaremos a seguir de que maneiras ela circulou e se converteu no referente de todo um movimento.

4. História de um ícone

A imagem das mulheres de X'oyep transformou-se na referência mais importante da luta indígena e do movimento zapatista. Adquiriu prestígio e reconhecimento global quando, alguns meses depois de sua publicação, obteve diversos prêmios, como a Terceira Bienal de Fotojornalismo, em 1998, e o Prêmio Internacional de Jornalismo Rei de Espanha, oferecido pela Agência EFE e pela Agência Espanhola de Cooperação Internacional à melhor imagem jornalística.[60]

O júri que selecionou a foto destacou as difíceis condições históricas que se evidenciam no trabalho do autor da imagem. Ressaltou o caráter testemunhal do fotógrafo como jornalista e relator dos acontecimentos: "A expressão gráfica de um conflito social não resolvido, em que o fotógrafo se converte em testemunha, assumindo o papel histórico de informante" ("Pedro Valtierra recebeu de Juan Carlos I o Prêmio Rei de Espanha", 1999:42).

Na ocasião, o fotógrafo Pedro Valtierra recebeu o prêmio acompanhado de dois renomados intelectuais, que contribuíram com capital político e cultural para reforçar a relevância da obtenção de um

---

[60] O prêmio, de grande prestígio na América Ibérica, tem várias categorias, que abarcam, entre outros temas, o jornalismo ambiental, os meios televisivos e a fotografia. A primeira edição, em 1983, premiou Marcelo Ranea com sua imagem sobre as Mães da Praça de Maio discutindo com o repressor Enrique Gallone. Em outro texto, refleti sobre a comparação dessa imagem com a das mulheres de X'oyep. Ambas, convertidas em ícone, reivindicam o protesto feminino contra o poder e têm proporcionado posicionamentos e leituras diferentes, que abarcam uma apropriação muito diversa desde os setores mais conservadores e retrógrados até a esquerda e outros grupos de caráter progressista. O contraste e a comparação entre elas são fundamentais para construir as chaves de um imaginário visual latino-americano heterogêneo e polêmico, no qual a foto e sua incidência na opinião pública desempenham um papel estratégico (Castillo, 2015:199-224).

prêmio internacional que enfocava, novamente, os reflexos políticos e culturais da América Ibérica nas comunidades indígenas: Carlos Montemayor, um dos especialistas mais reconhecidos em história e narrativa indígena do México e da América Latina, e o português José Saramago, Prêmio Nobel de Literatura e grande defensor das causas das minorias. Ambos tinham desenvolvido, nos anos anteriores, um diálogo permanente com o EZLN e seu líder, o subcomandante Marcos, o qual também confere à recepção do prêmio um horizonte específico e ajuda a compreender as implicações políticas e culturais do episódio.[61]

Outra possível leitura dessa imagem, marcada pela história das mentalidades, refere-se ao processo de sua conversão em ícone, a partir da obtenção desse prêmio internacional das mãos do rei da Espanha, e com o reconhecimento histórico e a lealdade das comunidades indígenas às instituições da monarquia ibérica, forjados a fogo lento durante três séculos do período do Vice-Reino.

É muito significativo que, na perspectiva dos anos recentes, essa instituição legitime e, por meio do reconhecimento público, empodere a luta dos povos originários na América. A aura de prestígio da Coroa entre as comunidades ao longo da história tem sido estudada por diversos pesquisadores e pode ser considerada parte do substrato histórico que possibilita outra leitura em torno dessa imagem, que neste livro não vou desenvolver, mas quero deixar enunciada.[62]

Um assunto central é a maneira como essa imagem condensa os olhares de outros fotojornalistas. Nesse contexto, é interessante refletir sobre o olhar de Valtierra em X'oyep em diferentes níveis.

---

[61] Foi uma cerimônia histórica repleta de alegorias e simbolismos, em que ambos os personagens desempenharam papel ativo. José Saramago destacou a função tão relevante desse tipo de imagem na configuração da esfera pública, ao passo que Carlos Montemayor falou sobre a densidade histórica do zapatismo e explicou à rainha Sofia em sua língua materna, o grego, os detalhes da história dessa fotografia, realçando sua importância global. Conversa com a pesquisadora Martha Loyo, 11 ago. 2021.

[62] Entre essas leituras, cabe destacar a de Landavazo (2001). Sobre o caráter mágico da monarquia e sua percepção entre os grupos populares, ver Bloch (2018).

O primeiro pode ser entendido como uma síntese da trajetória do próprio fotógrafo, refletida na oportunidade e na eficácia noticiosa de algumas de suas fotografias mais conhecidas, de alto conteúdo simbólico.

É o caso das imagens que mostravam os mineiros nus, em greve, da Companhia Real do Monte, em 1978, e sobretudo daquelas que conformaram a cobertura jornalística da guerrilha sandinista na Nicarágua e as diferentes abordagens jornalísticas das forças guerrilheiras da Guatemala. Ou melhor, o êxodo de refugiados daquele país precisamente no estado de Chiapas, no início dos anos 1980.[63]

Todos esses exemplos construíram o andaime fotojornalístico que delineou os contornos do olhar fotográfico do autor.

Imagem 27
Treinamento militar da guerrilha na Guatemala (1982)

Fonte: arquivo fotográfico de Pedro Valtierra.

[63] Uma revisão crítica da trajetória do fotógrafo pode ser vista em Castillo e Morales (2012). Trata-se de uma investigação que, como assinalei, resultou em uma retrospectiva de mesmo nome no Centro Cultural Universitário Tlatelolco em 2012.

Cabe recordar que a trajetória de Valtierra só pode se explicar por meio de uma série de mudanças no fotojornalismo mexicano no final dos anos 1970, quando irromperam dois fatores. Por um lado, a atividade de editores que revolucionaram o papel público das fotografias nos jornais, como Benjamin Wong, Roger Bartra, Manuel Becerra Acosta, Miguel Ángel Granados Chapa e Carlos Payán. Por outro, as mudanças que gradualmente se instalaram no país a partir da reforma política do presidente José López Portillo, comandada por seu ministro Jesús Reyes Heroles no final dos anos 1970 e que se traduziu no desgaste do sistema presidencialista e na abertura de espaços de crítica na opinião pública.

A reforma legalizou a atuação política de grupos da esquerda mexicana, que pouco a pouco foram obtendo espaços no sistema político até se tornarem um dos atores eleitorais mais relevantes da democracia do país. Em paralelo a esse processo histórico de transição, ocorreu nas décadas de 1970-80 o terrível capítulo da chamada "guerra suja", em que o Estado mexicano sequestrou, torturou e desapareceu com centenas de opositores de diversas organizações de guerrilha com um *modus operandi* não muito distinto do que predominou no mesmo período em boa parte das ditaduras militares latino-americanas (Vicente Ovalle, 2019).

Considero que a obra de Valtierra é o resultado desses processos, o que não explica as características de seu olhar de autor nem suas buscas estéticas e documentais, mas funciona como uma das condições necessárias para compreender algumas chaves significativas de sua trajetória política e profissional.

O segundo nível remete ao aprendizado visual do caminho empreendido por outros fotógrafos documentais que forjaram as diretrizes de uma tradição fotográfica documental e jornalística no México, na qual beberam Valtierra e sua geração. Refiro-me a um amplo espectro que abarca desde o início das agências fotográficas de Agustín Víctor Casasola e Enrique Díaz até os casos dos fotógrafos Nacho López, Rodrigo Moya, Enrique Bordes Mangel, Héctor García e Julio Mayo, para mencionar apenas os exemplos mais próximos ao paradigma documental no qual se situa o olhar de Valtierra.

A fotografia das mulheres, como qualquer outra imagem, não é provida de um sentido unívoco e tem gerado uma diversidade de leituras e interpretações, desde as que reafirmam a leitura inicial promovida pelo jornal em questão e que recria, como já mencionado, o mito bíblico de Davi contra Golias até as que matizam ou, inclusive, rechaçam esse tipo de proposta. É o caso de alguns setores que identificam na fotografia uma prova documental de legitimidade do Estado e a tolerância e equanimidade dos soldados do Exército mexicano, que recebem as agressões das mulheres e não as reprimem nem golpeiam.

Um dos ângulos do debate tem relação com a possível universalidade da imagem *versus* a necessidade de adaptá-la ao território das eventualidades concretas e específicas. Para Ariel Arnal, a foto é contundente e nela predomina seu caráter global. Nessa versão se transmite a ideia da imagem como parte de um código mais amplo que remete ao símbolo da opressão dos povos e de sua defesa diante das condições de adversidade:

> A foto representa o poder dos marginalizados ante a opulência física e violenta do poder estabelecido [...] Aí estão representados, na mulher, na indígena e em sua estatura, que formam uma composição muito clara [...] é uma foto que poderia ter sido feita em qualquer parte e é traduzível para qualquer lugar do mundo [...] Poderia ser Iraque, Guatemala ou Chile. Existem fotos muito parecidas em todos esses lugares, talvez não com essa composição tão agraciada, mas encontramos esse tema em outros lugares do mundo [...].[64]

No extremo oposto, o jornalista Rafael Cardona, que dirigia naqueles anos a revista *Epoca*, ressalta as condições específicas e a aplicação particular do conteúdo da imagem, circunscrita, segundo ele, ao caso da república mexicana. Com isso, Cardona destaca os direcionamentos culturais que subjazem na fotografia e remetem à

---

[64] Entrevista com Ariel Arnal realizada por Alberto del Castillo e Mónica Morales, TV Unam, 5 abr. 2012.

conduta e ao comportamento histórico de diferentes comunidades em distintos lugares do planeta: "Essa foto é impossível em Nova York, é impossível nos Estados Unidos, na Inglaterra e estamos vendo que é impossível na Grécia e na Rússia [...] Aos soldados do Exército Vermelho, não empurras...".[65]

Outra controvérsia possível relaciona-se à leitura política da imagem, que também não é unívoca. Em consonância com Arnal, para a escritora Elena Poniatowska a fotografia representa os mais altos valores da resistência étnica diante das condições históricas da militarização que confinou e restringiu os indígenas a certos espaços e os tem reprimido em múltiplas ocasiões.

O testemunho da escritora, por um lado, apela à consciência e à memória históricas, enquanto, por outro, destaca o conteúdo estético da imagem como um dos fatores que potencializaram sua difusão. Nessa mesma versão de coisas, a questão de gênero também é muito importante, já que o protagonismo recai agora nas mulheres. Nas palavras de Elena Poniatowska:

> É uma foto que fala a favor da valentia das mulheres e da desmilitarização de uma zona, já que se pergunta: por que os soldados têm que fazer tarefas de polícia? É uma foto que marcou a todos e nos deixou rastros [...] É uma foto muito bela pela postura em que está a mulher e como se inclina até o homem e está decidida a bater nele, e este vai para trás. O soldado tem temor dessa mulher que partiu para cima [...] é a tragédia dos indígenas que rejeitam seu exército e seus militares e que receberam dos militares morte e humilhação.[66]

Um trabalho fotográfico inscrito na linha de argumentação de Arnal e Poniatowska é o de Jonathan Moller, que alterna as fotografias

---

[65] Entrevista com Rafael Cardona realizada por Alberto del Castillo e Mónica Morales, TV Unam, 10 abr. 2012. Doravante, identificarei essa referência aludindo somente ao entrevistado.

[66] Entrevista com Elena Poniatowska realizada por Alberto del Castillo, TV Unam, 20 abr. 2012.

do autor com relatos de sobreviventes da guerra civil guatemalteca. Trata-se de retratos pessoais e comunitários, distantes das visões idílicas e exóticas sobre o índio e apresentados editorialmente para serem lidos junto ao testemunho como o transcrito a seguir, que lhe outorga uma identidade que permite superar qualquer estereótipo. Em 1993, uma mulher chamada María, indígena pertencente às "Comunidades de Povoação em Resistência", disse: "Resistimos à repressão, aos grandes massacres, aos bombardeios, à fome e à doença. Aqui seguimos resistindo à violência, à perseguição e à intimidação. Seguimos lutando pelo reconhecimento como população civil e pela legalização de nossas terras" (ap. Moller, 2004:55).

No extremo oposto, Cardona exalta a tolerância do soldado e seu respeito pelos direitos das mulheres, como uma suposta lição anônima para todas aquelas que, segundo o jornalista, "se preocupam tanto" em levar aos terrenos legais a denúncia das ações de violência de gênero.

Em sua argumentação, Cardona se detém em um ponto muito significativo, que se refere à capacidade da foto de surpreender os leitores e à possibilidade de minar sua visão estereotipada da realidade e sugerir elementos distintos ao roteiro do "politicamente correto". Dessa maneira, para o jornalista a fotografia representa um reflexo da tolerância e da equanimidade do Estado e do Exército mexicano:

> A quem me diz que essa foto é uma evidência da resistência indígena, eu digo: não, não! Se o que está resistindo é o outro! E o outro atua com a prudência que lhe confere a força legítima... Esse rapaz não se espantou, né? Ele sabe que a força está com ele. Se ele mete uma porrada na senhora, deixa ela sem dentes para toda a vida [...] *Agora que as mulheres se preocupam tanto em levar para os terrenos legais o respeito, a tristeza contra a violência contra a mulher, esse soldado anônimo poderia dar uma aula de como se respeita uma mulher*... Se tivessem sido homens, teriam sido espancados... porém eram mulheres, e nas mulheres não se bate, porque a única coisa que estavam fazendo é defender sua terra e seu mundo... é o mérito enorme dessa imagem, que nos coloca para analisar e

pensar se todos os valores preconcebidos que trazemos são válidos nesse momento...[67]

Nessa controvérsia, a fotografia representa uma síntese interessante, que pode dar lugar a várias leituras e interpretações e que condensa, ao mesmo tempo, a possibilidade de se referir ao conflito indígena e ao movimento zapatista a partir de diferentes coordenadas.

Além dessa polêmica sobre a conjuntura política imediata, é conveniente contrastar a fotografia, a partir de uma perspectiva histórica, com a construção do imaginário indigenista latino-americano no século XX. De maneira convencional, esse imaginário tem mostrado os indígenas, em geral, e as mulheres, em particular, como seres obedientes e passivos. Essa fotografia contradiz tal leitura de maneira notória ao oferecer às indígenas um protagonismo, como sujeitos ativos de transformação, e não somente como simples objetos da atenção fotográfica, maquiados, no melhor dos casos, como exemplos de uma suposta inocência ou beleza folclórica.

Uma referência clássica a esse imaginário indígena idílico encontra-se na conhecida antologia da pesquisadora Erika Billeter. Nela, revisam-se e analisam-se de maneira superficial e esotérica algumas imagens das fotógrafas Mariana Yampolsky, Graciela Iturbide e Flor Garduño, a partir de conceitos como o do "realismo mágico mexicano" e de uma suposta vigência das lendas astecas na vida cotidiana atual dos mexicanos. No extremo oposto, o pesquisador Olivier Debroise historiciza e revela o processo de mitificação da fotografia indigenista entre os séculos XIX e XX com argumentos críticos.[68]

---

[67] Entrevista com Rafael Cardona (grifo do autor). Entre outros aspectos, é significativa a afirmação do jornalista em torno do fato de que "apenas" preocupa às mulheres o tema da violência de gênero — uma declaração de princípios que mostra o lugar de onde o jornalista está lendo a imagem.

[68] Ver "El paraíso perdido" (Billeter, 1993:58-61) e "Las mujeres en Juchitán" (Debroise, 1994:118-121).

Imagens 28 e 29
Mulher viúva e um casal de tepehuanos,
por Carl Lumholtz (Chihuahua, México, 1892 e 1893)

Fonte: Arquivo Fototeca Nacho Lopez, Instituto Nacional de Povos Indígenas (INPI).

Isso leva ao debate sobre a influência e o impacto das fotografias na esfera da opinião pública. Nesse terreno, eu argumento sobre como incide e se posiciona a presença de fotógrafos, cinegrafistas e jornalistas na qualidade de observadores não passivos nem neutros ao enfrentamento. Nesse sentido, a presença pode ser pensada em dois níveis: como legitimadora do protesto da comunidade e como inibidora da repressão por parte dos soldados, o que o jornalista Juan Balboa sintetizou de maneira contundente como "efeito Televisa".

Por outro lado, convém considerar que a foto em questão não mudou, não modificou a realidade de pobreza e marginalização dos grupos indígenas, como pode constatar qualquer viajante que visite as comunidades da região de Los Altos de Chiapas. Pode-se sustentar, porém, que influenciou significativamente a percepção e a representação dos indígenas, no México e em outros lugares do mundo, como ocorreu com outras imagens icônicas ao longo da história.

Talvez o mais relevante consista em poder situar o problema da constante mobilidade das interpretações e a maneira como distintas leituras dessa imagem seguirão contribuindo para um maior conhecimento das condições de vida das comunidades indígenas e sua luta para defender sua cultura a partir de sua projeção como um ícone fotográfico.[69]

Nesse mesmo sentido, cabe comentar a maneira como a foto de Valtierra foi publicada em várias revistas e reivindicada por distintas organizações e movimentos sociais em diversos lugares do planeta. A revista *Epoca*, muito próxima à perspectiva governamental e dirigida por Rafael Cardona, publicou a imagem uma semana depois de sua aparição em *La Jornada*, em 12 de janeiro de 1998. A publicação foi colorida, retomando o negativo original, porém respeitando o reenquadramento vertical de Fabrizio León e Carmen Lira, e tomando parcialmente distância da versão fotojornalística em preto e branco

---

[69] Neste ponto, coincido com as pesquisas de Margarita Alvarado (2003) sobre a fotografia dos mapuches no Cone Sul. Ali se pode confirmar a coexistência paradoxal de dois universos aparentemente opostos: a miséria atual das comunidades indígenas e a promoção e respeito por sua cultura em diferentes âmbitos da opinião pública chilena.

do jornal. De acordo com a versão de Cardona, ele pagou pela foto a Valtierra e debateu com seus colegas de *La Jornada* sobre a necessidade de respeitar o fato de que os direitos da imagem residiam nos autores das fotografias, e não nos meios nos quais foram publicadas.[70]

Na versão dessa revista, a fotografia se acomodava ao discurso oficial do governo e argumentava em defesa da atitude supostamente tolerante exercida pelos soldados do Exército mexicano ante as comunidades indígenas. As manchetes "Desarme ou guerra" e "Marcos, encurralado" pretendem influenciar a opinião pública e parecem sugerir que a única saída para os zapatistas consistia em sua rendição ao governo. Tudo isso diz sobre o uso da fotografia como parte significativa da luta política entre o governo de Ernesto Zedillo e o EZLN nos anos 1990.

De fato, convém destacar a manchete da revista, "Iminentes enfrentamentos", em relação ao contexto da fotografia, que inclusive é ressaltada em negrito como um signo que responde ao afã de difundir na opinião pública a ideia de que a rendição, além de inevitável, era necessária para evitar esse tipo de confronto que prejudicava a estabilidade política do país.

A revalorização da fotografia, como parte da construção de um imaginário positivo do Exército mexicano, tem a ver, em meu ponto de vista, com um longo trabalho político e cultural de reparação da imagem negativa do Exército construída a partir do massacre de estudantes por militares em 2 de outubro de 1968 em Tlatelolco e publicada em vários jornais locais e internacionais a apenas 10 dias da realização dos XIX Jogos Olímpicos.[71]

---

[70] Entrevista com Rafael Cardona.

[71] O tema dessa construção de imaginários é muito interessante e se vincula de maneira direta à perspectiva da história do tempo presente. No contexto atual do ano de 2021, essa imagem do Exército se cruza com o debate em torno dos 43 estudantes desaparecidos da Escola Normal Isidro Burgos, em Ayotzinapa, Guerrero. Em 2 de outubro de 2021, a imagem principal publicada nos jornais não foi correspondente ao massacre de Tlatelolco, mas ao cenário do desaparecimento dos 43 na cidade de Iguala. Os dados das investigações mais recentes indicam que o Exército mexicano teve informação sobre o sequestro dos estudantes, e mesmo assim decidiu não intervir para impedir.

Nas páginas dos principais jornais do mundo, foram publicadas reportagens de diversos jornalistas que viajaram ao país para cobrir as Olimpíadas e que foram testemunhas e, em algumas ocasiões, vítimas do massacre. Isso fez desabar para sempre o prestígio do regime mexicano pós-revolucionário na América Latina, construído ao longo de várias décadas, e desgastou severamente a imagem do Exército e a suposta democracia mexicana.[72]

Na ótica de outra revista de divulgação científica, *Bulletin of the Atomic Scientist*, a capa com a fotografia representa um apelo pacifista contra a guerra. Essa revista nasceu com a finalidade de denunciar o poder destrutivo das armas nucleares, tomando como exemplo os terríveis casos de Hiroshima e Nagasaki. Décadas depois, encarregou-se de vários temas vinculados a essa problemática, do desastre ambiental de Chernobyl à ascensão de países emergentes como potências nucleares, a exemplo de Índia e Paquistão.

Por tudo isso, é muito significativa a capa com a fotografia de Valtierra, já que reúne as condições concretas do enfrentamento indígena em Chiapas e, ao mesmo tempo, o situa em um horizonte global. A manchete "Mexico's future?" ("O futuro do México?") supõe um claro questionamento por parte da opinião internacional sobre a política do Estado mexicano.

A uma distância muito curta dos fatos (a revista foi publicada no bimestre de março-abril de 1998), nesses espaços editoriais projetou-se de maneira expressiva uma percepção negativa da política in-

---

Essa foi a notícia principal da maior parte da imprensa nesse ano. A instituição militar ocupa uma vez mais o centro do furacão midiático, ainda que por diferentes motivos. Todos os olhares convergem para o atual governo e se perguntam se poderá realizar o interrogatório dos integrantes do Exército ou se ficará estancado na mesma posição do governo anterior, que não penetrou nos privilégios que os militares conservam.

[72] Sobre isso, ver meu livro *Ensayo sobre el movimiento estudiantil de 1968: la construcción de un imaginario* (Castillo, 2012). Nele, comento a versão de um jornalista brasileiro publicada no jornal *O Globo* dois dias depois do massacre de 2 de outubro. O autor afirma de maneira contundente que o massacre de Tlatelolco representava o final do ciclo de prestígio do Estado mexicano no contexto da América Latina, já que evidenciara o uso dos mesmos mecanismos de repressão empregados por algumas ditaduras da América Central e do Cone Sul. Ver "Pânico e morte na batalha do México" (*O Globo*, 4 out. 1968).

terna do governo. Por outro lado, nas páginas desse tipo de jornais e revistas reivindicou-se a luta das comunidades indígenas, a qual abarcou nesses espaços midiáticos a defesa dos recursos naturais e o enfrentamento de distintos setores sociais em relação à conduta predatória dos governos.

Imagem 30
Capa da revista *Epoca* (12 jan. 1998)

Fonte: arquivo fotográfico de Pedro Valtierra.

Imagem 31
Capa de *The Bulletin of the Atomic Scientists* (mar./abr. 1998)

Fonte: arquivo fotográfico de Pedro Valtierra.

Nessa mesma perspectiva, porém com um matiz diferente, e focalizado na resistência à globalização a partir da reivindicação das culturas, cabe destacar a publicação da fotografia no semanário liberal norte-americano *First of the Month*, que veiculou a imagem com a frase do subcomandante Marcos "Do the pictures lie?" ("As fotografias mentem?") em 3 de janeiro de 2001.

A manchete da revista, localizada na parte inferior, funciona como uma grande legenda da foto e explica que ela não apenas ilustra uma situação de opressão militar em um contexto étnico muito específico, mas também pode ser lida no âmbito mais amplo do início da chamada "Quarta Guerra Mundial". Nesse contexto, a imagem de Valtierra representaria uma reivindicação da memória dos povos ante a amnésia induzida pelos setores vinculados ao poder.

A argumentação do artigo enquadra-se nas abordagens do movimento altermundialista ou globalifóbico, que realizara manifestações contra a reunião da Organização Mundial do Comércio (OMC), em 1999, em Seattle, e contra as reuniões do Fundo Monetário Internacional (FMI) e do Banco Mundial, em 2000, em Praga.

Nessa ordem de ideias, a fotografia de Valtierra remete, aqui, à luta indígena como parte de uma resistência global de amplos setores ante o poder político e econômico que os oprime e aliena. Esse é o sentido da frase que se atribui ao subcomandante Marcos e que se retoma no texto da revista:

> *Marcos is gay in San Francisco, black in South Africa, an Asian in Europe, a Chicano in San Isidro, an anarchist in Spain, a Palestinian in Israel, a Mayan Indian in the streets of San Cristobal, a Jew in Germany, a Gypsy in Poland, a Mohawk in Quebec, a pacifist in Bosnia, a single woman on the subway at 10 p.m., a peasant without land, a gang member in the slums, an unemployed worker, an unhappy student, and, of course, a Zapatista in the mountains* ["Do the pictures lie?", 2001:3].[73]

---

[73] "Marcos é um gay em São Francisco, um negro na África do Sul, um asiático na Europa, um mexicano em San Isidro, um anarquista na Espanha, um palestino em Israel, um indígena maia nas ruas de San Cristóbal, um judeu na Alemanha, um cigano na Polônia, um *mohawk* em Quebec, um pacifista na Bósnia, uma mulher solteira no metrô às dez da noite, um camponês sem terra, um membro de gangue nas favelas, um trabalhador desempregado, um estudante infeliz e, é claro, um zapatista nas montanhas" (trad. livre).

Nessa mesma linha de interpretação, vale resgatar a leitura dessa imagem oferecida pelo próprio subcomandante durante sua singular passagem pelo Distrito Federal em 2001, como parte do episódio conhecido como "a marcha da cor da terra".

Essa marcha, entre 24 de fevereiro e 28 de março de 2001, é um dos episódios mais relevantes da história recente do país no que se refere ao tema da visibilidade das reivindicações das comunidades indígenas na esfera pública. Convocou centenas de milhares de cidadãos e encheu praças e espaços públicos de numerosas cidades do sul do México. Um de seus momentos-chave foi o discurso da comandante indígena Esther no espaço central do Congresso da República com a presença da imprensa e dos deputados.

Apesar das iniciativas tomadas pelos zapatistas naquela ocasião, a resposta negativa da classe política em seu conjunto, representada pelo setor oficial do Partido Revolucionário Institucional (PRI), pela direita empresarial do Partido Ação Nacional (PAN) e pela esquerda institucional do Partido da Revolução Democrática (PRD), cancelou definitivamente a oportunidade histórica para o debate sobre esses temas, fechou as portas à iniciativa zapatista e demarcou uma distância das comunidades indígenas do país que perdura até hoje.

A chegada dos zapatistas à Cidade do México deu-se na Escola Nacional de Antropologia e História (Enah), em 11 de março de 2001, quando a direção do EZLN decidiu viajar da zona de Los Altos de Chiapas à capital para impulsionar a reforma indígena emanada dos Acordos de San Andrés, aproveitando os novos tempos de alternância política e a chegada à presidência de Vicente Fox, que despertara grandes expectativas de mudança entre amplos setores da população.

O comando guerrilheiro foi recebido com entusiasmo pela comunidade estudantil nas instalações da Enah, em Cuicuilco, sul da Cidade do México, onde Marcos e seus companheiros se alojaram por 20 dias.

Na Enah, na única conversa do guerrilheiro com os estudantes universitários, produziu-se uma das leituras mais relevantes em torno da fotografia icônica, quando o próprio Marcos dissertou sobre a imagem de Valtierra, expondo seu particular ponto de vista e vinculando a foto à visão do mundo dos zapatistas.[74]

Na noite de 18 de março, Marcos convidou a comunidade estudantil para assistir a uma "aula" que daria no auditório Román Piña Chan, o maior e mais representativo da escola. Como era de se esperar, o lugar estava lotado. Um pouco mais tarde, o líder insurgente apareceu com a indumentária que o converteu em um personagem lendário: os dois relógios (o do braço direito marcando a hora da sociedade civil, e o do esquerdo, a dos indígenas e da revolução), o cachimbo e a balaclava. Carregando uma maçã e uma cartolina, colocou em um quadro a fotografia icônica de Valtierra diante dos gritos de euforia dos estudantes e simpatizantes.[75]

Em seguida, falou aos estudantes sobre os dois blocos que, segundo ele, se enfrentavam naquele momento na selva chiapaneca e que estavam representados na fotografia de Valtierra: de um lado, o neoliberalismo, como instrumento de depredação das grandes transnacionais, apoiado pelas forças repressivas; do outro, as comunidades indígenas, lutando ativamente pelo respeito a suas tradições e pela defesa de sua cultura.[76]

Ao final, o peculiar personagem pegou de modo teatral a maçã, que simbolizava seu papel de professor, e se perdeu na escuridão da noite, no pátio principal da Enah, sob um longo aplauso dos estudantes. Um pouco mais tarde, Marcos doou a imagem à comunidade,

---

[74] Durante o período dos zapatistas no Distrito Federal, Valtierra visitou Marcos na Enah e, em uma reunião que ocorreu dentro da escola, em companhia de José Saramago e sua esposa, Pilar del Río, presenteou o guerrilheiro com vários exemplares da foto das mulheres de X'oyep. Conversa entre Pedro Valtierra e Alberto del Castillo, 10 jul. 2012.

[75] Agradeço o testemunho da historiadora Isabel Campos — na ocasião, professora da Enah e representante da comissão organizadora que deu as boas-vindas aos zapatistas —, que esteve presente no auditório durante a fala do guerrilheiro. Entrevista com Isabel Campos realizada por Alberto del Castillo, Ciesas, Tlalpan, 11 jul. 2012.

[76] Essa é a leitura desenvolvida no artigo publicado dois meses antes da dissertação de Marcos na revista *First of the Month*, que mostra interesses análogos a essa versão do zapatismo. É significativo destacar que essa argumentação resulta muito mais próxima das reivindicações do movimento globalifóbico do que das demandas tradicionais dos movimentos indígenas do século XX.

com uma série de anotações de próprio punho na parte inferior da foto, na qual, com seu característico sarcasmo e humor, anotou: "Aula: 'o objeto de estudo passa lista de presença' 18 de março de 2001 na Enah. PS: todos reprovados'".

É muito significativo que Marcos tenha escolhido a imagem de Valtierra no único encontro que manteve com os estudantes, que lhe deram alojamento, e que ele quis emoldurar em uma aula acadêmica. Isso remete ao contexto universitário de seus interlocutores e também, talvez, às lembranças de seu passado docente, quando ministrou cursos para alunos de desenho gráfico da Universidade Autônoma Xochimilco no final dos anos 1970.[77]

Também é expressivo o fato de não haver se referido à autoria do fotógrafo nem às condições concretas da produção da fotografia das mulheres de X'oyep, que ele conhecia perfeitamente. Ao contrário — e isto é o mais relevante —, Marcos outorgou à imagem um *status* simbólico e a utilizou como uma expressão condensada e sintética do conflito chiapaneco, localizando o episódio em nível internacional. Dessa maneira, o principal líder do movimento zapatista conferiu, naquela aula singular da Enah, um reconhecimento explícito a essa fotografia como a referência visual mais notável do zapatismo em torno do conflito indígena.

O objetivo deste capítulo foi analisar de que maneira, com a publicação da famosa foto, iniciou-se uma circulação ampla e heterogênea que combinou a contundência estética da linguagem expressada nesse documento visual com as implicações políticas e sociais inscritas no gênero documental.

Os usos dessa fotografia formaram parte de uma disputa política e ideológica na qual intervieram, de um lado, atores sociais vincula-

[77] No final dos anos 1970, Rafael Sebastião Guillén, o verdadeiro nome do subcomandante Marcos, havia concluído de forma brilhante o curso de filosofia na Universidade Nacional Autônoma do México (Unam) e trabalhava como professor de desenho gráfico na recém-criada Universidade Autônoma Metropolitana (UAM). Alguns de seus estudantes ainda se recordam de sua inteligência e de seu senso de humor baseado na ironia (Nájar, 2018).

dos ao governo e ao Exército federal, e, do outro, setores críticos independentes, próximos e simpatizantes, em maior ou menor medida, do EZLN.

Torna-se evidente que a rede de leituras e interpretações dessa imagem é muito diversa e heterogênea. Resta tratar da última peça desse quebra-cabeça: o caminho de retorno à comunidade de X'oyep e a fantástica história da conversão de uma fotografia icônica em um ex-voto ou retábulo popular de agradecimento dos refugiados e dos deslocados à força de uma guerra que ocorre há séculos e que se recoloca constantemente a partir de novos horizontes e contextos.

5. O retorno a X'oyep

Em termos gerais, a leitura dessa imagem remete à evolução de um gênero documental construído ao longo de vários séculos e corresponde a uma tradição iconográfica indigenista que percorre o imaginário latino-americano dos últimos duzentos anos: de Léon Diguet e Carl Lumholtz a Luis Márquez e Martín Chambi, passando por fotógrafos mais recentes, como Graciela Iturbide, Mariana Yampolsky, Sebastião Salgado e Manuel Álvarez Bravo.

Considero que há várias décadas a vertente do fotojornalismo imprimiu maior dinamismo às representações das comunidades indígenas do que as imagens convencionais, provenientes da fotografia antropológica. O fotojornalismo respondeu com maiores e melhores recursos à complexa relação de grupos indígenas com o resto dos setores sociais e também capturou a criatividade e a adaptação de muitas comunidades indígenas às necessidades do mundo moderno.

Como está documentado nesta pesquisa, a fotografia icônica das mulheres de X'oyep responde prontamente a esse processo, no qual o uso midiático das imagens atingiu e impactou não apenas fotógrafos e jornalistas, mas todos os atores sociais. O chamado "efeito Televisa", analisado anteriormente, envolveu essa empresa e também o conjunto de meios impressos e eletrônicos que devem ser levados em conta para ler e interpretar esse tipo de imagem fotojornalística, em particular para analisar o conteúdo mesmo das fotografias.

Uma foto como a das mulheres de X'oyep, assim como sua publicação e difusão posterior, seria impensável no México nas décadas anteriores. O aprendizado político e midiático das comunidades zapatistas na década de 1990, a ressonância informativa da matança de Acteal e a convocação da mídia pelas comunidades para registrarem esse protesto coletivo atingiram, de maneira contundente, tanto o perfil do registro fotográfico dos fatos quanto a conduta e o comportamento dos grupos indígenas e dos soldados.

De minha parte, não se trata de postular uma fabricação artificial dos fatos, já que não se está diante de uma fotografia "construída" ou "dirigida", mas de analisar e reavaliar a intervenção dos meios de comunicação no dispositivo estratégico e no *modus operandi* das comunidades e suas práticas políticas e culturais, na dramatização do protesto, assim como os efeitos de tolerância e aparente equanimidade na resposta da operação militar, que com isso se mostrou atenta e consciente da poderosa presença de um jornalismo independente, capaz de transmitir os fatos a diferentes lugares do mundo em questão de segundos.

Diferentemente de algumas posturas próximas ao discurso oficial, que argumentam e reivindicam o exercício da tolerância por parte do Exército mexicano e sua diferença supostamente abismal com outros exércitos do planeta, o que desejo argumentar nesta investigação é o fato documentado de que a intervenção dos meios de comunicação modifica o código e o comportamento de qualquer Exército (e do restante dos atores sociais) em diversas partes do mundo.

Nesse sentido, não existe nada parecido com uma "essência" histórica do Exército mexicano, mas sobretudo a presença e a encenação de uma série de instrumentos e condições modernas que influenciam todos os setores e se aplicam com diferentes níveis de intensidade em variados lugares do mundo, dentro das novas coordenadas políticas e culturais de uma aldeia global que se refere a todos nós.

Convém sublinhar o perfil e a natureza atual do fotojornalismo moderno, que, como parte de sua ética e rigor profissional, busca um efeito de verossimilhança na aproximação e narração dos fatos. Porém, as premissas do chamado "instante decisivo" bressoniano, que defendiam a existência do fotógrafo como um observador neutro e independente dos fatos, tornaram-se totalmente superadas.

Em sua já clássica investigação, Susan Sontag (2004) afirma que algumas fotos realizadas com pretensões artísticas dentro do surrealismo permanecem hoje relegadas ao esquecimento, enquanto outras, produzidas sob a adrenalina da busca da notícia ou imersas em um trabalho documental, transcenderam o âmbito da conjuntura imediata. Estas últimas formam parte da memória coletiva de uma geração e têm sido colocadas para a leitura, o entretenimento e a reflexão, ocupam as paredes de uma galeria, um museu ou outros suportes físicos, eletrônicos e cibernéticos.

Em relação a esse problema apresentado por Sontag, pode-se citar o caso de Rodrigo Moya, que publicou várias imagens que documentavam a pobreza e as precárias condições de trabalho dos camponeses da indústria de *ixtle* no estado de Coahuila em meados da década de 1970.

Uma dessas fotografias, correspondente à reportagem "O *ixtle* é fome", veiculada pela revista mexicana *Sucesos*, foi adquirida várias décadas depois pela Coleção Wittliff, da Universidade do Texas, como uma peça muito relevante do ponto de vista tanto documental quanto artístico. Em uma exposição no Museu de Santa Bárbara, no estado da Califórnia, a imagem de Moya é exposta atualmente como uma peça museográfica que reivindica esse trabalho como exemplo da importância das vanguardas fotográficas na América Latina no século XX.

Em todos os casos, trata-se da mesma imagem, mas sua linguagem e sua interpretação foram modificadas radicalmente. Uma peça jornalística relacionada em suas origens com o testemunho e a denúncia política tornou-se em duas décadas uma obra artística, com expressiva carga estética.[78]

---

[78] Para o próprio fotógrafo, a imagem em questão não constitui uma peça artística, mas sobretudo um testemunho social. "Em 1965 viajei a Coahuila, noroeste do México, para documentar a vida dos coletores de *ixtle*. O tema, transbordante de humanidade, me prendeu pela dureza do trabalho camponês, pela vida à beira da subsistência e pelos barracos levantados com barro, palha, pedras e descartes [...] busquei algo que poderia chamar testemunho" (Moya, 2015:47).

Um exemplo de destaque desse tipo de processo pode ser constatado no próprio lugar dos fatos. Quase 15 anos depois, fui a X'oyep buscar rastros de memória. Foi um trabalho árduo para um forasteiro, já que o nome dessa comunidade não aparece em nenhum mapa da república nem nos letreiros dispostos ao longo da estrada que liga San Cristóbal à região de Los Altos de Chiapas, próxima da fronteira com a Guatemala.

No povoado de Yabteclum, a cerca de 15 quilômetros de Acteal, duas mulheres, apiedadas de meu estado de desorientação, mostraram um caminho de terra e me indicaram, em sua língua, que no final estava X'oyep.

No trajeto, fui recordando as reflexões de Valtierra e Balboa. A montanha à qual se referiam (usando a expressão "caminhar montanhas") havia se transformado, depois de uma década, em um charmoso caminho de curvas pronunciadas onde, de repente, no fundo despontava a extraordinária paisagem arborizada de pínus característicos da serra Madre de Chiapas.

Ao final da vereda, apareciam as casinhas construídas com tábuas de madeira e tetos de lâminas de zinco que observei pela primeira vez na reportagem do jornalista Ricardo Rocha. Em uma delas, recebeu-me o senhor Antonio López, de uns 40 anos, que me ofereceu entrar em sua casa para conversar.

Originário da comunidade de Los Chorros, vizinha de Acteal, dom Antonio falou, com um tom amável, que ele havia chegado a X'oyep em 27 de dezembro de 1997. De fato, seu testemunho à Procuradoria-Geral da República foi fundamental para prender alguns dos responsáveis pelo massacre. Por essa razão, pesa atualmente sobre sua cabeça uma ameaça de morte que o impediu de regressar para a sua comunidade nestes 20 anos.[79]

---

[79] Na atualidade, a comunidade de X'oyep tem 30 famílias dispersas na região. A maior parte dos mais de mil refugiados retornou a seus lugares de origem: Los Chorros, Yibeljoj, Puebla e Yaxjemel.

De imediato, dei-me conta de que, por uma coincidência extraordinária, tinha topado com a pessoa mais adequada para fechar e concluir este livro. Era um dos poucos refugiados que não haviam retornado ao seu lar depois do enfrentamento com o Exército naquele 3 de janeiro de 1998. Ao contrário, Antonio havia permanecido todo este tempo no lugar e, por meio de seu comovente relato, confirmou-me o estreito vínculo desse lamentável episódio com a matança de Acteal e como esse fato gravitava no ânimo e na vontade das mulheres e dos homens que enfrentaram o Exército naquela fria manhã de 1998 em X'oyep.[80]

Antonio me levou ao lugar exato onde ocorreram os fatos. O horizonte do presente impôs-se nesse novo contexto com toda a sua contundência. No local descrito e registrado nas fotos de Valtierra, hoje se podem ver postes de luz e um enxame de cabos que se comunicam nas alturas. Isso teria tornado impossível a manobra do helicóptero, narrada na crônica jornalística de Balboa, e contaminado irremediavelmente as imagens registradas há quase 23 anos pela lente de Pedro Valtierra.

Naqueles momentos, recordei a presença do olho-d'água que o jornalista Juan Balboa menciona em seu valioso testemunho e que foi um dos motivos principais da mobilização da comunidade. O homem me confirmou sua existência e concordou em me levar ao peculiar lugar, onde uma pequena fonte de água aparecia entre várias humildes casinhas de madeira.

Aproximei-me do pequeno poço e permaneci primeiro agachado e logo de pé em frente à fachada de um dos casebres. Então pude ver pela primeira vez uma pintura rudimentar, ingênua, feita nas tábuas da pequena casa e fiquei surpreso com a descoberta.

---

80 Entrevista com Antonio López realizada por Alberto del Castillo, X'oyep, Chenalhó, 7 jul. 2012. O nome de dom Antonio ressoa nessa história como um eco daquele famoso personagem de mesmo nome criado pelo subcomandante Marcos, encarregado de visibilizar aos leitores algumas reflexões sobre a visão do mundo das comunidades indígenas, impossíveis de assimilar por Marcos e seu passado urbano.

À minha frente estava uma pintura, realizada com traços aparentemente infantis, que reproduzia, de maneira muito próxima, o conteúdo principal da célebre fotografia de Valtierra. Foram acrescentados alguns elementos, procedentes, talvez, do relato de Balboa, como um helicóptero no centro, e outros, sem dúvida fruto da imaginação do autor da obra, como abelhas sobrevoando a cena e um monumento com uma cruz, representando quiçá as almas das vítimas do massacre de Acteal; na margem inferior direita e de maneira pouco visível, um grupo de guerrilheiros zapatistas com os rostos cobertos por balaclavas escondidos entre os arbustos da selva. Ao lado, em outra pequena tábua, um letreiro informava aos possíveis leitores da imagem os nomes dos integrantes do acampamento e as comunidades formadas pelas 1.190 pessoas refugiadas que viveram em X'oyep. Tudo isso conferia à pequena casa com a pintura exposta o *status* de um lugar de memória e a convertia em um poderoso símbolo do refúgio que encontraram os fugitivos da violência.

A pintura, deteriorada e maltratada, com os desenhos gastos e faltando toda a quina superior esquerda, retomava a linguagem e a vocação realista da foto de Valtierra, porém ao mesmo tempo condensava e sintetizava o conflito zapatista como nenhum outro documento visual.

Aturdido pela surpresa, perguntei a meu singular informante pela pintura em questão. Dom Antonio me confirmou que representava o acontecimento de que havíamos conversado, com o enfrentamento registrado entre os soldados e as mulheres; no entanto, assegurou-me que não conhecia a fotografia que eu mencionava, muito menos seu autor, Pedro Valtierra, de quem nunca tinha ouvido falar.

Despedi-me convencido de que nossa conversa e o achado da peculiar pintura representavam uma das partes mais valiosas desta pesquisa.

No caminho de regresso de X'oyep a San Cristóbal de Las Casas, não pude deixar de pensar no paradoxal destino das imagens aludido por Sontag (2004). Sem dúvida, o uso da fotografia de Valtierra permanecia vigente como expressão plástica e documental do conflito,

Imagem 32
Pintura popular baseada na fotografia
As mulheres de X'oyep, de Pedro Valtierra
(município de Chenalhó, Chiapas, 7 jul. 2012)

Fonte: col. Alberto del Castillo Troncoso.

com toda a sua carga simbólica, porém seu conteúdo havia sido ressignificado e enriquecido por meio da linguagem da pintura.

Em X'oyep, a fotografia de Pedro Valtierra tornou-se um prodigioso ex-voto em um retábulo popular, que incorporou distintos elementos à cena vital do enfrentamento, condensando-os em uma só imagem e conferindo-lhes um sentido mágico-religioso, dentro das coordenadas e do universo próprio da cultura popular.[81]

Nos últimos 10 anos, os novos habitantes de X'oyep, as crianças e os adolescentes da comunidade encontraram nessa representação gráfica o veículo mais relevante para imaginar e recriar os relatos e as vivências dos adultos. É provável que na atualidade eles e elas

[81] Sobre os ex-votos e seu papel na configuração da memória, ver Durand (1995).

contem aos filhos e netos novas histórias, baseando-se nos parâmetros derivados desse surpreendente documento visual.

Também é previsível — e isto confirma uma vez mais a importância da fotografia — que no lapso de alguns anos esse peculiar ex-voto comunitário desaparecerá devido às condições ambientais e à deterioração material. Então, novamente, a imagem fotográfica do próprio retábulo se converterá no único testemunho dessa importante transformação visual que ocorreu nos primeiros anos do século XXI.

Como em um jogo de espelhos barroco, essa última foto desse singular ex-voto será parte da infinita ressignificação das imagens analisadas ao longo deste livro e integrará essa série de novas leituras e reinterpretações.

Trata-se, finalmente, de uma complexa e sugestiva disputa simbólica que sem dúvida continuará sob outras facetas neste milênio. Regressei do caminho de X'oyep muito agradecido pelo privilégio de contar esta história.

Referências

AGUILAR, Juan Pablo; ERAÑA, Ángeles. Los problemas ontológico y epistemológico en el fotoperiodismo: veracidad y objetividad. In: PEÑA, Ireri de la (Coord.). *Ética, poética y prosaica*: ensayos sobre fotografía documental. Cidade do México: Siglo XXI, 2008.

ALVARADO, Margarita. *Los pioneros Valck*: un siglo de fotografía en el sur de Chile. Santiago de Chile: Pehuén, 2003.

ARNAL, Ariel. *Atila de Tinta y plata*: fotografía del zapatismo en la prensa de la Ciudad de México entre 1910 y 1915. Cidade do México: Inah, 2010.

AUBRY, Andrés; INDA, Angélica. ¿Quiénes son los "paramilitares"? *La Jornada*, p. 1, 23 dez. 1998.

_______; _______. *Los llamados de la memoria, Chiapas 1995- 2011*. México: Gobierno del Estado de Chiapas, 2005.

BALBOA, Juan. Las mujeres de X'oyep: historia de una foto que hizo historia. *Cuartoscuro*, n. 154, p. 20-27, dez. 2018.

BARONNET, Bruno; MORA, Mariana; STAHLER-SHOLK, Richard (Ed.). *Luchas 'muy otras'*: zapatismo y autonomía en las comunidades indígenas. Cidade do México: UAM- Xochimilco; Ciesas; Universidad Autónoma de Chiapas, 2011.

BELLINGHAUSEN, Hermann. *Acteal, crimen de Estado*. México: La Jornada Ediciones, 2008.

BILLETER, Erika (Comp.). *Canto a la realidade*: fotografía latinoamericana 1860-1993. Barcelona: Lunwerg, 1993.

BLOCH, Marc. *Os reis taumaturgos*. São Paulo: Companhia das Letras, 2018.

CARTIER-BRESSON, Henri. *The mind's eye*: writings on photography and photographers. Nova York: Aperture, 1999.

CASTILLO, Alberto del. *Rodrigo Moya*: una mirada documental. Cidade do México: Instituto de Investigaciones Estéticas-Unam; Ediciones El Milagro; La Jornada Ediciones, 2011.

_______. *Ensayo sobre el movimiento estudiantil de 1968*: la construcción de un imaginario. Cidade do México: Instituto Mora; Instituto de Investigaciones sobre Estudios de la Universidad-Unam, 2012.

_______. Entre el abrazo y el enfrentamiento: un diálogo entre dos imágenes icónicas de fin de siglo en América Latina. In: MRAZ, John; MAUAD, Ana Maria (Coord.). *Fotografía e historia en América Latina*. Montevidéu: CDF, 2015. p. 199-224.

_______. *Fotografía y memoria*: conversaciones con Eduardo Longoni. Buenos Aires: FCE, 2018.

_______. *Marco Antonio Cruz*: la construcción de una mirada. Cidade do México: Instituto Mora; Conaculta, 2020.

_______; MORALES, Mónica. *Pedro Valtierra*: mirada y testimonio. Cidade do México: Centro Cultural Universitario Tlatelolco; FCE, 2012.

CORTÉS, Rosalía Itandehuitl. *Los zapatistas, una interpretación iconológica*: la irrupción pública del EZLN en 1994 y el conflicto armado en Chiapas a través del lente de Raúl Ortega, reportero gráfico de *La Jornada*. Tese (licenciatura em ciências da comunicação) — Unam, Cidade do México, 2010.

DEBROISE, Olivier. *Fuga mexicana*: un recorrido por la fotografía en México. Cidade do México: Conaculta, 1994.

DO the pictures lie? *First of the Month*, p. 3, 3 jan. 2001.

DOROTINSKY, Deborah. Biografía de una imagen fotográfica: las mujeres de X'oyep. In: CASTILLO, Alberto del. *Las mujeres de X'oyep*: la historia detrás de la fotografia. Cidade do México: Conaculta, 2013.

DURAND, Jorge. *Los exvotos, vida y milagros de los mexicanos*. Centro de Investigaciones Históricos de San Luis Potosí, 1995.

FREUND, Alexander; THOMSON, Alistair (Ed.). *Oral history and photography*. Nova York: Palgrave Macmillan, 2011.

GALLEGOS, Luis Jorge. *Autorretratos del fotoperiodismo mexicano*. Cidade do México: FCE, 2010.

GINZBURG, Carlo. Señales, raíces de un paradigma indiciário. In: GARGANI, Aldo. *Crisis de la razón*: nuevos modelos en la relación entre saber y actividad humana. Cidade do México: Siglo XXI, 1983. p. 43-51.

HERNÁNDEZ, Rosalía (Coord.). *Mujeres y violencia en Chiapas antes y después de Acteal*. Cidade do México: Ciesas, 2007.

JUÁREZ, Mariana; RAESFELD, Lydia; GONZÁLEZ, Rosa Elena. Diagnóstico interseccional de violencia contra mujeres indígenas. *Revista Estudos Feministas*, Florianópolis, v. 29, n. 1, p. 17-32, abr. 2021.

LANDAVAZO, Marco Antonio. *La máscara de Fernando VII*: discurso e imaginario monárquico en una época de crisis, Nueva España, 1808-1822. Cidade do México: El Colegio de México; El Colegio de Michoacán; Universidad Michoacana de San Nicolás Hidalgo, 2001.

LIRA, Andrés. *Comunidades indígenas frente a la Ciudad de México*. Cidade do México: El Colegio de México; El Colegio de Michoacán, 1983.

LUBBEN, Kristen (Ed.). *Magnum*: hojas de contacto. Madri: Blume, 2011.

MOLLER, Jonathan. *Nuestra cultura es nuestra resistência*: represión, refugio y recuperación en Guatemala. Madri: Turner, 2004.

MONTEMAYOR, Carlos. Chiapas y la Secretaría de Gobernación. *La Jornada*, p. 5, 6 jan. 1998.

MOYA, Rodrigo. Más allá de la urbe. In: ______. *Fotografía y conciencia*. Austin: University of Texas Press, 2015.

MRAZ, John; ARNAL, Ariel. *La mirada inquieta*. Cidade do México: Conaculta; Centro de la Imagen, 1996.

NÁJAR, Alberto. Las 3 vidas del comandante Marcos, el personaje más emblemático del movimiento zapatista, que cumple en México 25 años. *BBC News*, México, 31 dez. 2018.

NECOECHEA, Gerardo. *Después de vivir un siglo*: ensayos de historia oral. Cidade do México: Biblioteca Inah, 2005.

PEDRO Valtierra recebeu de Juan Carlos I o Prêmio Rei de Espanha. *La Jornada*, p. 42, 14 jan. 1999.

PÉREZ, José Raúl. *Ángeles Torrejón, fotorreportera en Chiapas, 1994*. Dissertação (mestrado em história da arte) — Faculdade de Filosofia e Letras, Unam, México, 2016.

RICŒUR, Paul. *A memória, a história e o esquecimento*. Campinas: Ed. Unicamp, 2007.

SÁNCHEZ, Berenice Irasema. *La construcción de la mirada fotoperiodística del levantamiento del EZLN en La Jornada de 1994 a 1996*. Dissertação (mestrado) — Faculdade de Filosofia e Letras, Unam, México, 2014.

SONTAG, Susan. *Sobre fotografia*. São Paulo: Companhia das Letras, 2004.

VICENTE OVALLE, Camilo. *Tiempo suspendido*: una historia de la desaparición forzada en México, 1940-1980. Cidade do México: Bonilla Artigas Editores, 2019.

VILLASEÑOR, Enrique. *La fotografía periodística mexicana en el marco de la Bienal de Fotoperiodismo y de las nuevas tecnologias*: reflexiones, propuestas conceptuales y reseña histórica. Tese (doutorado) — Universidade Autônoma Metropolitana Azcapotzalco, México, 2015.

VOLPI, Jorge. *La guerra y las palavras*: una historia intelectual de 1994. Cidade do México: Era, 2004.

Arquivos

Arquivo fotográfico de Marco Antonio Cruz.

Arquivo fotográfico de Pedro Valtierra.

Arquivo fotográfico de Raúl Ortega.

Arquivo Fototeca Nacho Lopez, Instituto Nacional de Povos Indígenas (INPI).

Arquivo da revista *Cuartoscuro*.

Arquivo do Centro da Imagem/Fundo Bienais de Fotojornalismo.

Biblioteca Miguel Lerdo de Tejada, Secretaria de Fazenda e Contas Públicas (SHCP).

Biblioteca Nacional do México (Unam).

Biblioteca Rubén Bonifaz Nuño (Instituto de Investigações Filológicas, Unam).

Fundo Casasola.